名师成长书系

U0577259

# 初中英语
## 翻转课堂探秘

CHUZHONG YINGYU FANZHUAN KETANG TANMI

谢展辉 洪 宇 ◎ 著

ENGLISH

哈尔滨出版社
HARBIN PUBLISHING HOUSE

图书在版编目（CIP）数据

初中英语翻转课堂探秘 / 谢展辉 , 洪宇著 .— 哈尔滨：哈尔滨出版社 , 2022.6

ISBN 978-7-5484-6562-1

Ⅰ . ①初… Ⅱ . ①谢… ②洪… Ⅲ . ①英语课—课堂教学—教学研究—初中 Ⅳ . ① G633.412

中国版本图书馆 CIP 数据核字（2022）第 100242 号

书　　名：**初中英语翻转课堂探秘**
CHUZHONG YINGYU FANZHUAN KETANG TANMI

作　　者：谢展辉　洪　宇　著
责任编辑：曹雪娇
封面设计：笔墨书香

出版发行：哈尔滨出版社（Harbin Publishing House）
社　　址：哈尔滨市香坊区泰山路82-9号　　邮编：150090
经　　销：全国新华书店
印　　刷：武汉颜沫印刷有限公司
网　　址：www.hrbcbs.com　　www.mifengniao.com
E-mail：hrbcbs@yeah.net
编辑版权热线：（0451）87900271　87900272

开　　本：710mm×1000mm　　1/16　　印张：8　　字数：128千字
版　　次：2022年6月第1版
印　　次：2022年6月第1次印刷
书　　号：ISBN 978-7-5484-6562-1
定　　价：46.00元

凡购本社图书发现印装错误，请与本社印制部联系调换。
**服务热线：**（0451）87900279

# 序 言

　　这本书的创作来自对改进英语教学方法、提升教育教学质量的思考，旨在反思什么样的课堂才是对学生最好的。

　　初登教坛，抓不着重难点，总喜欢讲个不停，生怕讲漏了什么。一堂课的大部分时间老师都在讲。长此以往，老师嗓子发炎，身体吃不消，学生也提不起兴趣，教学成绩自然是可想而知。信息爆炸的时代，学生掌握的东西比老师还多，岂能满足听老师"满堂灌"呢？学生一届又一届，届届皆不同。随着观念的改变，传统的课堂已难以满足学生日益增长的需要。由此也使我开始反思我的课堂。

　　初识翻转课堂始于2013年，听了金陵先生在中山市开设的一场讲座。回去以后，我继续思考学习、践行翻转课堂。2014年，我参加中山市的翻转课堂教学比赛并获得了一等奖。这更坚定了我开展翻转课堂教学的信心。恰逢当时学校开展小组合作学习的课改，因此，我把小组合作学习与翻转课堂结合起来研究。从2013年开始，我先后在两所学校开展翻转课堂和小组合作学习的融合探究，力争实现英语教学与信息技术的融合，让课堂回归学生，让学生成为真正的主人，给学生更多的展示机会和空间。八年的实践表明，参与翻转课堂实验的学生的成绩比没有参与实验的学生的成绩好，学生的自信心、演讲能力、组织协调能力也得到了较大的提高。

　　本书还提供了教学设计、自主学习任务单、课件等课例信息，希望能给一线教师提供一些参考。翻转课堂教学是一门大学问，我也还在不断地摸索、改进、提升，欢迎广大同行多与我联系，提供宝贵建议。衷心祝愿大家健康、开心、吉祥！谢谢大家！

谢展辉

2021 年 9 月 3 日

CONTENTS

# 目　录

# 第一章　翻转课堂之问

当代信息技术迅猛发展，学科教学与技术的深度融合正悄悄地改变着教育。翻转课堂方兴未艾，深深地影响着我们的教育教学。这一章我们探索翻转课堂的前世今生，探究研究的意义与价值，以期为英语教学提供新的路径。

## 第一节　翻转课堂的缘起

翻转课堂又译为"Flipped Class Model"，也可称为反转课堂，是指将传统课堂"先教后学"变为"先学后教"的一种教学模式的翻转。翻转课堂的理念源于 19 世纪的西点军校。塞耶将军（Sylvanus Thayer）研究了一套独特的教学方法：课前，学生根据教师所发资料提前学习；课中，用批判性思考和小组协作解决问题。这是翻转课堂理念的起源。

20 世纪 90 年代，艾瑞克·马祖尔最早开始了关于翻转课堂教学模式的探索；1996 年，莫林·拉赫首次正式提出了"翻转课堂"这一说法，并在他开设的"微观经济学原理"这门课程上采用这种教学模式进行教学；2000 年，莫林·拉赫、格伦·普拉特和迈克尔·特雷格拉共同发表了一篇学术论文，名为"颠倒课堂：建立一个包容性学习环境途径"，文中提到使用翻转教学激活个性化教学，以适应不同学生的学习风格。[①]

此后，翻转课堂迅速兴起，其代表人物是美国科罗拉多州洛杉矶的林地

---

① 胡蕾，张世宇. 维果茨基"最近发展区"理论的应用和启示 [J]. 法制与社会，2007（4）.

公园高中化学教师乔纳森·伯格曼和亚伦·萨姆。2007 年，他们为无法在校上课的学生录制教学视频，并发布在网上，收到了很好的效果。他们不断实验，潜心研究，出版了 *Flip Your Classroom: Reach Every Student in Every Class Every* 和 *Solving the Homework problem by Flipping the Learning* 分享翻转课堂的经验与实践。

翻转课堂真正为公众所熟知是源于萨尔曼·可汗创办的"可汗学院"以及他于 2011 年在 TED 发表的《用视频再造教育》的演讲。截至 2014 年 1 月，YouTube 上的"可汗学院频道"共吸引了上千万订阅者，观看次数超过数亿次。

## 第二节　翻转课堂在国外

在国外，翻转课堂以前大多被应用于理科类学科中，现在各学科、各个学段均有应用。

美国的乔纳森·伯格曼曾就家庭作业的翻转策略、教师的翻转策略、学校和父母的策略、教学工具、评估与评分等项目开展了应用研究。研究的主要议题为：让学生主动学习，通过实施同伴教学法、天才一小时项目和基于项目的学习，掌握能力为本的教育，使课堂更具有参与性。而亚伦·萨姆和乔纳森·伯格曼的共同研究主题是：如何制作学生喜欢的视频，高效利用课堂时间，打破课堂常规，助力个性化教学。亚伦·萨姆和乔纳森·伯格曼的应用研究表明，翻转课堂比传统教学方式更受学生欢迎，也更加高效。[①]

萨尔曼·可汗的应用研究始于自己所教的科目：数学。创办可汗学院并招募了历史艺术等讲师后，其研究范围扩大到生物、化学、金融等学科。其主要做法是让学生登录网站观看视频并做练习题，教师在后台观看学生的学

---

① 乔纳森·伯格曼，亚伦·萨姆．翻转课堂与慕课教学——一场正在到来的教育变革 [M]. 北京：中国青年出版社，2015.

习数据。学生在做题时遇到不会的问题随时可以通过 E-mail 联系教师。教师则在线解答学生的问题。学生每答对 10 道题可以晋一级并获得一枚勋章。这种模式让学生快乐学习，还能帮助学生进行学情分析，指导学生更好地自学。可汗学院应用这种模式的结果表明：学生学习效果显著提升。从学习效果看，与上一年相比，七年级学生的平均分增长了 106%，七年级毕业的人数增长到了原来的两倍，有的学生成绩等级连升两级。其他试点也取得了类似的结果。[①]

# 第三节　研究的缘由

优化教学过程、改革评价制度、打造高效课堂、全面提升教学质量是师生的共同愿景。然而传统的"填鸭式""满堂灌"的教学方式弊端凸显。如何提升教育教学质量，提高教师教学研究能力，促进学生的全面发展，成为困扰教师多年而又急需解决的难题。目前，倡导"自主、探究、合作"为主的小组合作学习成为课改的热点，基于现代技术的翻转课堂教学方兴未艾。小组合作学习与翻转课堂教学取得了显著的效果。然而，小组合作学习也好，翻转课堂也罢，都有待于进一步研究。因此，我们开展了小组分层合作与翻转课堂的融合创新性研究，尝试用新的方式、新的办法，通过师生的教与学，探寻师生共同发展、提升教育教学质量的新路径。

我们之所以选择这样的题目，主要是基于以下几点考虑。

**1. 翻转课堂具有无可比拟的优势**

（1）学生学习不受时空限制

学生可以选择任何时间、任何地点完成相应的学习任务，不受时间与地点的限制。学生可以借助纸质翻转资料，也可以使用电子翻转资料，实现无

---

① 王继红，邹玉梅，李桂莲. 基于翻转课堂理论的英语教学改革与实践 [M]. 北京：中国原子能出版社，2019.

缝对接，大大提高了学习效率。

（2）学生可以自由选择学习的进度

翻转课堂的另一大优点是学生可以根据自己的掌握程度，选择适合自己的学习进度，对于不懂的问题，可以再看一遍微课视频，也可以选择暂停、回放。学生还可以借助学习任务单的指引，有选择性地进行学习。与传统课堂相比，翻转课堂可以让学生获得更多个性化学习的机会。

（3）翻转课堂提高了学习效率

就作业量而言，翻转课堂减少了学生的作业量，却让学生更好地理解和掌握学习的内容，让学生有更多的时间思考、探究，大大地提高了学生的学习效率。就学习效果而言，我们对 2017 级、2018 级两届毕业生进行了实验研究，结果表明，使用翻转课堂的学生的学习效果比不使用翻转课堂的学习效果好。

### 2. 国内外现有研究存在不足

近年来，分层走班、小组合作学习、翻转课堂教学逐渐成为我国教学领域研究的热点，从中国知网（CNKI）数据库检索分析可知关于这方面的研究呈逐年上升的趋势。国外也有一些关于翻转课堂方面的专著。现有的研究主要集中于走班制、合作学习、翻转课堂的起源、概念界定、主要特征、主要类型、学习形式、教学模式这些方面，研究的深度和广度还有待进一步拓展。目前，针对小组分层合作学习的研究较少，对其系统性的研究则更少；而关于分层小组教学与翻转课堂教学的融合性研究在国内还没有，国外也没有关于这两方面相结合的专著。

就分层走班而言，国内对班级管理方面的研究比较多，主要研究对象为高中学生。关于分层教学理论的应用，学者主要集中于初中英语学困生转化、农村或边远地区教学质量改善、初中英语阅读或写作、中学生兴趣提升和成绩提升等方面。其相关主题有待进一步深入研究。

就合作学习而言，国家鼓励合作学习，很多学者在合作学习领域取得了丰硕的成果。钟启泉教授等人认为，合作学习是教师进行有效教学的一种模式，是学生进行有效学习的一种学习方式。然而，也有人质疑学生的合作是"真合作"还是"假合作"。如何走出合作学习的误区，提升合作学习的效能，也值得进一步研究。

翻转课堂源于 20 世纪 90 年代，兴起于可汗学院。国外很多中小学，如美国高地村小学、美国石桥小学、克林戴尔高中等都开展了翻转课堂的研究并取得了一定的成果。国外翻转课堂应用案例也颇多，*A Flipped Classroom in Action*（Eric Brunsell，Martin Horejsi，2013）、*The Flipping Librarian*（Joyce Valenza，Kasman，2012）、*The Flipped Classroom：Transforming Education at Byron High School*（Kathleen，Fulton，2012）等文章都讲述了翻转课堂应用的具体实例。但国外对翻转课堂的研究主要集中于逻辑性较强的理科方面，对于语言类的研究较少。2012 年后，国内开展这方面的研究逐年增多，主要集中在课堂教学模式方面，如重庆聚奎中学根据自己的实践总结提炼出了"四步、五环节"的翻转课堂教学模式，山东潍坊昌乐一中设计了"二段、四步、十环节"的翻转课堂教学模式，北京七十一中学则根据学校实际情况探索出了"四步、七环节"的翻转课堂教学模式 ① 等。国内研究主要是理论层面的局部探究，还有待进行更深入的系统性研究。

此外，国内对一线教师的实际教学过程进行系统、深入的研究较少；国外的研究更多的是宏观建议，细化的东西较少，可操作性还需各科教师发挥智慧，创造性地应用。

综上所述，将分层教学、合作学习和翻转课堂应用在英语教学中取得了显著的成绩，但对它们的研究还存在不足，研究的深度和广度还有待进一步拓展。重要的是，目前还没有关于分层教学、合作学习与翻转课堂三者相结合的融合性研究。

### 3. 符合教育技术日益发展与教学方式变革的需要

现代技术的发展带来了教育的革命，也使英语教学发生了前所未有的变

---

① 邹溪楠. 翻转课堂教学模式在初中英语教学中的实施研究——以珠海市 A 中学为例 [D]. 长沙：湖南师范大学，2015.

化。教育部发布的《教育信息化十年发展规划（ 2011—2020 年 )》提出：“利用信息技术开展启发式、探究式、讨论式、参与式教学，鼓励发展性评价，探索建立以学习者为中心的教学新模式，倡导网络校际协作学习，提高信息化教学水平。”“以优质教育资源和信息化学习环境建设为基础，以学习方式和教育模式创新为核心”，实现信息技术与教育的“深度融合”。 国务院在2001 年颁发的《关于基础教育改革与发展的决定》中明确指出：“鼓励合作学习，促进学生之间相互交流、共同发展，促进师生教学相长。”中共中央 国务院在 2019 年 6 月 23 日颁发的《关于深化教育教学改革全面提高义务教育质量的意见》中明确要求：“优化教学方式。坚持教学相长，注重启发式、互动式、探究式教学……融合运用传统与现代技术手段，重视情境教学；探索基于学科的课程综合化教学，开展研究型、项目化、合作式学习。”以“自主、探究、合作”为主的小组合作学习，彰显学生的主体地位，激发学生的学习兴趣，培养学生的合作意识和技能，完全符合国家这些要求；而以信息技术为依托的翻转课堂具有良好的发展前景，能够实现技术与教育更好的融合。

### 4. 符合新课程改革的要求

教育部制定的《义务教育英语课程标准（2011 年版）》提出英语课程的总目标是：通过英语学习使学生形成初步的综合语言运用能力，促进心智发展，提高综合人文素养。依据 2017 年版新修订的《普通高中英语课程标准》，普通高中英语课程的具体目标是培养和发展学生在接受高中英语教育后应具备的语言能力、文化意识、思维品质和学习能力等英语学科核心素养。新的高中英语课程标准将成为新的义务教育课程标准风向标。“先学后教，以学定教”理念有助于培养学生的学科思维，提升学生的自主学习能力；“自主、合作、探究”、同伴互助的学习方式有利于提升学生的综合语言运用能力。由此可见，“自主、合作、探究”的合作学习方式以及“先学后教，以学定教”的翻转课堂教学方式是此轮课程改革的主要特征。我们开展的研究符合课程改革的要求。

### 5. 符合新课程标准理念的要求

《义务教育英语课程标准（2011版）》要求英语教学要面向全体学生，关注语言学习者的不同特点和个体差异。2017年的《普通高中英语课程标准》的理念要求发展英语学科核心素养，满足学生个性发展需求，重视现代信息技术应用，丰富英语课程学习资源。小组合作，面对全体学生，同伴互助，共同进步；分层教学，注重学生个体差异，实施因材施教，提高学生的学用能力；基于微课等现代技术的翻转课堂，借助技术的力量，大大丰富了英语教学资源。

### 6. 满足学校发展的需求

教学质量是学校的生命力。为改进我校教学现状，全面提升教学效率和质量，我校依据有关文件规定和广东省学校教学质量评估标准，在全面征求学校各方意见和建议的基础上制定了《关于全面提升教学质量的方案》。方案要求，秉承"以教学为中心，以学生为主体，以教师为主导，以质量为生命"的教学理念，以"聚焦课堂，提升课堂驾驭能力"为突破口，促进教师教学研究能力的提升；创新学校教学管理机制，改革教学评价制度，规范教学行为，优化教学过程，实施有效教研，打造高效课堂，以提升教学质量。学校全面贯彻"自主、探究、合作"的理念，全力推进"学生参与、精讲精练"的"442课堂教学模式"。此外，我校还成立了社区合作学习小组，鼓励教师结合学科特点自主创新，实现高效课堂，提升课堂教学的效率和质量。我们开展的小组分层合作与翻转课堂融创探究也是基于学校发展的需要。

### 7. 实现人的发展的需求

教育的目的归根结底是回归教育的本源——实现人的发展，也就是实现学生个体的全面发展和教师的专业发展。小组合作学习，同伴互助，有利于调动学生的学习兴趣，增强学生的学习动机，促进学生的整体提高。诺思里·韦伯研究发现，在合作学习活动中，"受益最大的是那些给他人做详细解释工作的学生"。也就是说，合作学习有利于学生个体的发展。分层教学，注重个性差异，实施因材施教，能调动学生的积极性、主动性，激发学生潜能，让学生体验成功，塑造学生的自信心。目前，终身学习的理念已深入人心，成为不可逆转的潮流。回归到学校教育中，这就要求教师培养学生具有自主学习的能力，掌握获取信息的能力，养成良好的学习习惯，以适应不断变化的社会。[①] 而翻转课堂"先学后教，以学定教"，有利于培养学生的自学能力和信息素养能力。我们开展的研究有利于实现人的发展。

# 第四节　研究的意义与价值

## 一、理论意义

本研究基于初中英语教学的实践，结合现有理论，分析影响初中英语教学质量的因素，寻找理论与实践的连接点，并提出了相应的对策，对理论的应用做出了新的尝试，有利于人们重新认识和看待合作学习、分层教学、翻转课堂，有利于为学校教学管理制度的制定提供一定的参考价值，也有利于深化初中英语小组分层合作与翻转课堂的融合理论研究。

## 二、实践价值

1.有利于促进教师的专业成长，同时为初中英语教师的教学实践提供帮助；

2.有利于提高学生的语言能力、文化意识、思维品质、学习能力等英语学科核心素养；

3.有利于提高学校的教育教学质量，促进学校的可持续发展；

4.为学校的教学管理提供了一定的参考经验，有利于推动学校的教学改革与发展；

5.大大丰富了初中英语课程资源；

6.利用信息技术服务于教学，为教育信息化的发展提供有效路径。

---

① 德洛尔.教育——财富蕴藏其中 [M].北京：教育科学出版社，1996.

# 第二章 认识翻转课堂

学界对于翻转课堂的概念还没有统一的界定。为便于开展研究，本章对翻转课堂的相关概念进行了界定，同时阐述了翻转方式与分类、翻转课堂理念以及翻转课堂结构。

## 第一节 相关概念界定

不同学者对翻转课堂等相关概念做出了不同的界定。

### 一、小组合作

不同学者根据合作学习的实施主体、实施目的、课堂定位等对合作学习做出了不同的阐释，其中比较有代表性的观点有：谢苏燕认为合作学习是教学策略[①]；王坦认为"合作学习"是课堂技术，是教学方法[②]，等等。

本研究中的小组合作，即小组合作学习，是指教师根据学生的个性特征、学习能力、知识水平等，将学生编成若干学习小组，并指导小组内成员相互探究、相互指导、合作互助、共同进步的一种教学方式。

### 二、分层教学

国内外学者根据分层着眼点、分层教学对象、分层教学原因等对分层教

---

① 谢苏燕. 小组合作学习的探索 [D]. 南京：南京师范大学，2004.
② 王坦. 小组合作学习——原理与策略 [M]. 北京：学苑出版社，2001.

学的内涵做出了不同的界定。其中，华国栋教授认为，"差异教学是指在班集体教学中立足学生差异，满足学生个别的需要，以促进学生在原有基础上得到充分发展的教学"。[①] 分层教学的主要模式有：班内分层、目标分层、课堂分层、作业分层、评价分层等。

本研究中的分层教学是指根据学生的学习基础、认知能力、学习兴趣、个性差异等把学生分成若干个层次，有组织、有计划地实施教学活动。

## 三、分层合作

本研究的分层合作是指在组内分层基础上的合作学习，是教师根据学生的学业水平、个性差异，按照组内异质、组间同质的原则，将学生分成若干小组，之后根据组内成员的学业成绩、个性差异，再分成若干层次而实施的教学活动。

## 四、翻转课堂

对于翻转课堂的概念，国内外学者尚无统一界定。不同学者对其做出不同的阐述，有的认为是一种教学模式，有的认为是一种教学方式，有的认为是一种教学结构。

韦斯利·贝克在《教室翻转让网络课程管理工具成为学生身边的指导者》一文中对翻转课堂做了如下定义："翻转课堂这一模式是教师利用课程管理系统和网络工具，通过网络将教学呈现给学生，并以此作为分配给学生的家庭作业；在课堂上，教师能够有足够的时间参与到学生的自主学习活动和写作中去。"

张新明、何云涛、李振云在《基于 QQ 群 +Tablet PC 的翻转课堂》一文中结合国外翻转课堂实践的情况，尝试给翻转课堂做了如下定义："翻转课堂是指教育者借助计算机和网络技术，利用教学视频把知识传授的过程放在教室外，给予学生更多的自由，允许学生选择最适合自己的学习方式接受新知识，确保课前深入学习真正发生；而把知识内化的过程放在教室内，以便学

---

① 华国栋. 差异教学论 [M]. 北京：教育科学出版社，2001.

生之间、学生和教师之间有更多的沟通和交流，确保课堂上能够真正引发观点的相互碰撞，把问题的思考引向更深层次。"[①]

金陵给翻转课堂下的定义是这样的："所谓翻转课堂，是指把'教师白天在教室上课，学生晚上回家做作业'的教学结构翻转过来，构建学生在课堂上完成知识吸收与掌握的内化过程，在课堂外完成知识学习的新型课堂教学结构。"[②]

国外学者 Sharon See 等指出，翻转课堂是一种在信息技术的支持下，将传统课堂教学转到课外，腾出课堂时间让学生进行积极讨论的教学方式。[③] Tucker 和 Bill 认为，教学指导方式的改变是翻转课堂的核心思想，学习者通过在线课堂完成知识的学习，在课堂上与同伴合作学习、加深对概念的理解以及合作运用所学知识去解决实际问题。[④] 国内学者张金磊、王颖、张宝辉认为，翻转课堂，也被称为颠倒课堂，是颠覆了传统的课堂教学结构，使学习者在课前完成知识的学习，课堂上完成知识的吸收与运用的一种教学模式。[⑤]

本课题组所研究的翻转课堂是将传统课堂的"先教后学"翻转为"先学后教"，是指教师借助现代技术指导、帮助学生利用教学视频、网络平台或纸质材料等在家自学，并让学生在课堂上展示、交流探讨的一种新型的教学方式。

### 五、微课

何谓微课？不同学者给出不同的定义。胡铁生先生在《"微课"区域教育信息资源发展的新趋势》一文中，认为"微课"是教师按照新课程标准及教学实践要求，以教学视频为主要载体，针对某个知识点或教学环节而开展的

① 张新明，何文涛，李振云. 基于 QQ 群 +Tablet PC 的翻转课堂 [J]. 电化教育研究，2013（8）：68-72.

② 金陵. "翻转课堂"翻转了什么？ [J]. 中国信息技术教育，2012（9）：66-60.

③ Sharon See, Conry JM. Flip My Class! A faculty development demonstration of a flipped-classroom[J]. Currents in Pharmacy Teaching and Learning, 2014, 6（4）：585-588.

④ Tucker, Bill. The Flipped Classroom[J]. Education Next, 2012, 12（1）：82-83.

⑤ 张金磊，王颖，张宝辉. 翻转课堂教学模式研究 [J]. 远程教育杂志，2012（4）：46-51.

教学活动。金陵先生在《翻转课堂与微课程教学法》一书中认为，微课是指在云计算、移动互联网环境下，将单位课时教学活动的目标、任务、方法、资源、组织形式、评价与反思等要素优化组合为一体的教学系统。

本研究中的微课是指借助现代信息技术，以教学视频为主要形式的课程资源体系。

# 第二节　翻转课堂概述

## 一、综合设计，思路一体

翻转课堂是系统的、综合性的知识体系。《义务教育英语课程标准（2011年版）》对学生综合能力的发展从话题、功能、语法方面提出了具体的要求。现行的教材单元教学或模块教学也大多是围绕话题设计的。翻转课堂的教学理应以单元或以话题为一个整体，整体规划，综合设计，确保每天的教学环环相扣，思路一致。

## 二、任务优先，微课为辅

翻转课堂本质上是教师导学与学生自学的结合，属于基于任务的学习。微课视频只是学习的辅导手段，对其使用应按照任务单的指引。因此，学生应先完成手头上的任务，然后根据需要去看微课视频。微课视频的学习是安排在学习周期的中间而不是开始。此外，为方便对学生的评估、考查，教师还应在视频中间穿插问题，以追踪学生的观看率。

## 三、以生为主，激发好奇

学生是课堂的主人，翻转课堂理应回归自然，让学生掌握课堂，成为课堂真正的主人；以学生为主体，进行课堂展示，让学生讲解，学生教学生，帮助学生成为真正的课堂主人。课堂任务单能激发学生的好奇心，让学生发现问题、勇敢地提出问题，在课堂上与教师一对一交流，提高提问的水平和层次。

### 四、师生互评，反思成长

翻转课堂的评价既包括教师对学生的评价，也包括学生对翻转课堂的评价。教师对学生的评价往往采用百分制。教师对学生进行评价时应尽可能给予更高的评价，以增强学生的自信心；同时更好地保持学生的学习热情，促进学生求知欲的生成。教师切记不能给学生过低评价，尤其是零分评价。零分评价对学生是种莫大的伤害。

学生对翻转课堂的评价反馈能更好地促进翻转课堂的改善。教师可以采取一对一沟通交流的方式获得学生的评价，也可以通过网上无记名的评价方式，从而更好地反思自己的翻转课堂教学，促进英语翻转课堂高效发展。

# 第三节　翻转方式与分类

### 一、电子翻转与纸质翻转

从翻转课堂的材料来看，翻转课堂可分为电子翻转和纸质翻转两类。简而言之，电子翻转借助的是微课视频、教育平台等电子资源；纸质翻转借助的是自主学习任务单等纸质资源。

### 二、基于信息技术的翻转和无信息技术支撑的翻转

从是否借助信息技术来看，翻转课堂可分为基于信息技术的翻转课堂和无信息技术支撑的翻转课堂。

### 三、单元翻转与课时翻转

以翻转的内容来看，翻转课堂可以分为单元翻转和课时翻转。单元翻转

是以整个单元为目的而实现的课堂翻转；课时翻转是以一个课时为目的的课堂翻转。

### 四、每天翻转与每周翻转

从翻转的时间来看，翻转课堂又可以分为每天翻转与每周翻转。每天翻转主要实现当天翻转教学任务；每周翻转是以一周为周期整体设计的翻转课堂。如一周有 6 课时，我们将 4 课时用于翻转课堂，主要集中于学生合作探究、创作设计、专题展示等方面。

# 第四节　翻转课堂理念

### 一、先学后教，以学定教

翻转课堂秉承"先学后教，以学定教"的理念，依据学生情况设计课堂教学，坚持学生自学与课前导学、课堂答疑与拓展合作、课后反思与检测探究相结合。

### 二、互助、合作、探究

我们所进行的初中英语翻转课堂是在分层合作的基础上，融入了合作学习、同伴互助、合作探究等元素。实践表明，合作学习、同伴互助、合作探究的学习效果较好。

# 第五节　翻转课堂结构

从资源角度来看，翻转课堂主要由三大模块组成：教学设计、自主学习任务单和微课等配套资源。这三大模块使翻转课堂成为设计、开发、实施的统一体。

## 一、教学设计

教学设计是翻转课堂的根本，决定着翻转课堂的优劣成败。翻转课堂教学设计包括：教学整体规划、课前教学设计、课堂教学设计、课后教学设计等。翻转课堂教学设计遵循综合设计、整体规划、由易入难、细处着手的原则，其教学思路决定翻转课堂的方向，其细节处理关乎教学的成败。

## 二、自主学习任务单

自主学习任务单是实现翻转课堂的关键，主要包括：课前学习任务单、课中学习任务单、课后学习任务单，内含学习方法指导、重难点知识等。自主学习任务单是学生自学的指南，其质量直接决定学生自主学习的成效。为便于学生学习，任务单首页附有二维码，学生可以通过扫码，打开微课视频进行学习。

## 三、微课等配套资源

微课等配套资源是学生自主学习的支架，能够帮助学生高效学习，主要包括：微课视频、智慧平台资源、网络资源等。微课等配套资源，借助技术力量，帮助学生更好地自学，大大提升学习效率。

# 第三章　初中英语翻转课堂教学设计探秘

　　翻转课堂看似简单，实则是一个复杂的、系统性的工程。要实现初中英语课前、课中、课后高效翻转，教师需要通盘考虑、整体设计，从细处入手，做好一系列工作。

　　教学设计是教学的根本，一节课的优劣与否主要取决于课堂教学设计。国外 *Video and Sound Production：Flip Out! Game On*!（Hunt，Marc W.，2013），*Before you flip，consider this*（Bergmann，Jonathan，Sams，Aaron，2012），*How 'Flipping' the Classroom Can Improve the Traditional Lecture*（D. Berrett，2012），*Educators View 'Flipped' Model With a More Critical Eye*（Ash，Katie，2012），*The Flipped Classroom Strategy: What Is It and How Can It Best Be Used?*（N. B. Milman，2012）等多篇文章都强调了翻转课堂教学设计的重要性。要实现初中英语翻转课堂课前、课中、课后的翻转，教学设计至关重要。

## 第一节　翻转课堂教学设计的依据

### 一、依据课标，把握方向

　　课程标准是教学与考试的根据，笔者研究的初中英语翻转课堂主要是以《义务教育英语课程标准（2011 年版）》和《普通高中英语课程标准（2017 年版）》为依托设计教学。

## 二、理念先行，整体规划

我们实施的翻转课堂教学理念主要是源于翻转课堂和合作学习教学理念，即"先学后教，以学定教""合作、互助、探究"。而翻转课堂教学的高效施行，需要综合考虑课前、课中、课后的一体性，整体规划设计，实现三位一体教学。

## 三、分析学情，以生为主

初中英语翻转课堂的教学设计是在充分考虑学生已学知识、接受能力、性格特点、班级氛围等情况的基础上进行的。而教学的出发点和终点都是围绕学生进行设计的。

## 四、分析内容，设计框架

学生学了什么，将会学什么，会对什么感兴趣；教师怎么教才能让学生更容易接受，等等，都是需要考虑的。在充分分析教学内容的基础上，教师再根据教学内容的难易程度，按照先易后难、化繁为简的原则设计教学内容框架。

## 五、确定目标，全局设计

笔者实施的翻转课堂的教学目标设计主要是基于《义务教育英语课程标准（2011年版）》和《普通高中英语课程标准（2017年版）》。《义务教育英语课程标准（2011年版）》要求教学目标设计主要考虑语言知识、语言技能、学习策略、情感态度、文化意识；《普通高中英语课程标准（2017年版）》要求教学目标设计主要考虑语言能力、文化意识、思维品质、学习能力。

# 第二节　翻转课堂教学设计注意事项

## 一、微课教学设计

微课教学设计是整体设计中的重要一环，也是实现课前翻转的关键。因此，微课教学设计要有完整的思路，综合考虑，使其服务于单元模块整体教学。

### 1.思路一体，承上启下

微课教学紧依整体规划，既是本课的开篇之作，又承接上一课的内容，还是连接课堂分层合作、课后探究思考的纽带。这就要求微课教学设计思路一体，注意教学的连贯性。如人教版英语七年级上册 Unit 7 *How much are these socks?* 一课的微课主要通过图片、学生自拍购物视频设置情境，帮助学生学习服饰单词、颜色单词，学会询问物品、颜色、价格以及讨价还价、评论销售员的行为。在本微课的最后部分，教师教学生利用所学知识，登录网站，制作英文小电影，并发送至教师邮箱，以加强师生之间的交流和互动。

### 2.明确目标，策略得当

微课教学是翻转课堂教学实现课前教授学生内容、指导学生自学的关键，其目标设计也紧紧围绕课程标准设计。如在 Unit 7 *How much are these socks?* 一课中，我们设计的教学目标见表3-1：

表 3-1　微课教学设计内容

| 教学目标 | 1.语言技能目标：<br>（1）能听懂购物的基本用语，能表达自己的看法，并能进行简单的交流；<br>（2）能在教师的指导下进行简单的购物角色表演。<br>2.语言知识目标：<br>（1）掌握服饰单词，如 socks, T-shirt, shorts 等；<br>（2）掌握颜色单词，如 red, purple, pink 等；<br>（3）掌握基数词的基本用法；<br>（4）学会询问价格、颜色以及购物过程中的讨价还价； |
| --- | --- |

| 教学目标 | （5）了解评价销售员及顾客的简单用语。<br>3. 情感态度目标：<br>激发学生学习英语的兴趣，培养学生节约用钱的意识。<br>4. 学习策略目标：<br>（1）能根据需要进行预习；<br>（2）把握学习的重点和难点；<br>（3）能利用网络等资源学习。<br>5. 文化意识目标：<br>在交际中能初步注意中外文化的异同。 |
| --- | --- |

本课的重点和难点是运用所学知识顺利进行购物交际。在目标明确的基础上，采用的策略是化繁为简，将任务分解为几个简单的小步骤，如询问物品、价格、颜色等，环环相扣，逐步达成目标。此外，借助视频示范，增加所学内容的趣味性和可读性。

**3. 细处入手，步步为营**

（1）把握时间，10分钟原则。可汗学院提供的微课视频不超过10分钟。在翻转课堂中，教师提供的也应该是不超过10分钟的微课程。学生的自学能力和逻辑思考能力都处于发展中，如果一次性传输过多的教学内容，学生不但无法接受，还会产生厌烦心理。

（2）适当停顿，引导思考。课前微课学习的一大好处就是学生可以按暂停键或反复观看，并根据自己的学习水平选择适合自己的进度，做到有节奏、可选择性地主动学习。教师的作用是提醒学生可以停顿、回放，同时引导学生思考如何自学、学什么、怎么学。Milman的研究表明，学生在学习过程中需要依靠教师提供的指引和帮助才能对学习内容有所领悟。在教学视频中，教师要给学生提供足够的指导，同时适当的停顿、重复和提问也可以引发学生思考。此外，教师在录制教学视频时要避免冗余的信息，以免影响学生集中注意力。

（3）设置悬念，激发兴趣。要想吸引学生的注意力，短短几分钟的微课视频内容必须是学生感兴趣或关心的事情。如在 Unit 7 *How much are these socks?* 的微课教学设计中，教师设置"Do you like shopping? Do you know how to save money? Do you know how to make money?"三个悬念，引入购物话题，激发学生兴趣；紧接着由问题"你需要什么"导入，学习服饰、颜色、尺寸单词，练习"Can I help you? What color do you want? I want a jacket. I need a pair of trousers."等句型。

（4）环环相扣，引人入胜。短短几分钟的微课视频教学，特别讲究经济性原则，每一秒都不能浪费，每一个步骤都要比课堂教学更为紧凑、精炼，每一步都要紧密相连、环环相扣。如 Unit 7 *How much are these socks*? 的微课教学设计，在 Step 3 Know the amount you need 中，通过图片中的数字掌握"Know the amount of clothes that you want, learn the numbers and find out the rules"；在 Step 4 How to ask the price 中设置情境：

Maria：How much are the red socks?

Seller：They are 11 dollars.

此外，教师还可通过图片讲授价格的询问方法以及如何砍价（How to cut down the price）。如：

It is too expensive.

It is too dear.

### 4. 探究思考，动手实践

初中英语微课教学尽管时间较短，但并不影响教师设置探究性任务，以鼓励学生思考，动手实践。如 Unit 7 *How much are these socks*? 的微课教学设计，Step 6 How to make more money 中通过让学生观看视频，鼓励学生表达对销售员的看法。在学生观看视频之后，教师设置如下几个问题：

Is she friendly?

Is she good at talking with people?

Is she popular with the customer?

让学生思考"Who is the best seller?"，为开展课堂教学中的评价做好铺垫。而 Step 7 Homework 则是让学生运用所学知识制作英文小电影（Use the language that we learn to make a movie and send it to the teacher）。教师向学生提

供制作小电影所需的网址和教师的电子邮箱，以便学生制作和传输文件。这一设计培养了学生动手实践能力和学以致用的能力，同时还激发了学生学习英语的兴趣。

### 5. 微课教学设计示例

| 微课名称 | | | Unit 7 How much are these socks? |
|---|---|---|---|
| 授课教师姓名 | 谢展辉 | 单位 | 珠海中山大学附属中学 |
| 知识点来源 | | | □学科：英语　□年级：七年级上册　□教材版本：人教版<br>□所属章节：Unit 7 |
| 录制工具 | | | Camtasia Studio 7 |
| 微课设计简介<br>（200字以内） | | | 　　本微课主要通过图片、学生自拍购物视频，设置情境，教授学生学习服饰单词、颜色单词，学会询问物品、颜色、价格以及讨价还价、评论销售员的行为。在本微课的最后部分，教师教学生利用所学知识，登录网站，制作英文小电影，并发送至教师邮箱，以加强师生之间的交流和互动。 |
| | | | 微课教学设计内容 |
| 教学目标 | | | 　　1. 语言技能目标：<br>　　（1）能听懂购物的基本用语，能表达自己的看法，并能进行简单的交流；<br>　　（2）能在教师的指导下进行简单的购物角色表演。<br>　　2. 语言知识目标：<br>　　（1）掌握服饰单词，如 socks，T-shirt，shorts 等；<br>　　（2）掌握颜色单词，如 red，purple，pink 等；<br>　　（3）掌握基数词的基本用法；<br>　　（4）学会询问价格、颜色以及购物过程中的讨价还价；<br>　　（5）了解评价销售员及顾客的简单用语。<br>　　3. 情感态度目标：<br>　　激发学生学习英语的兴趣，培养学生节约用钱的意识。<br>　　4. 学习策略目标：<br>　　（1）能根据需要进行预习；<br>　　（2）把握学习的重点和难点；<br>　　（3）能利用网络等资源学习。<br>　　5. 文化意识目标：<br>　　在交际中能初步注意中外文化的异同。 |

| | |
|---|---|
| 重点难点<br>突破策略 | 　　本课的重点和难点是运用所学知识顺利进行购物交际。主要采用的策略是化繁为简，将任务分解为几个简单的小步骤，如询问物品、价格、颜色等，环环相扣，逐步达成目标。此外，借助视频示范，增加所学内容的趣味性和可读性 |
| 教学过程 | **Step 1 Warming up**<br>　　Do you like shopping?<br>　　Do you know how to save money?<br>　　Do you know how to make money?<br>　　设计意图：设置问题，引入购物话题，激发学生兴趣。<br><br>**Step 2 Know what you want**<br>　　1.Words of clothes<br>　　2.Colors and size<br>　　3.Practice the patterns of the language<br>　　设计意图：由问题"你需要什么"导入，学习服饰、颜色、尺寸单词，练习"Can I help you? What color do you want? I want a jacket. I need a pair of trousers."等句型。<br><br>**Step 3 Know the amount you need**<br>　　1. Know the amount of clothes that you want<br>　　2. Learn the numbers and find out the rules<br>　　设计意图：通过图片、数字等掌握基数词读音，发现基数词规律。<br><br>**Step 4 How to ask the price**<br>　　设计意图：设置情境，讲授价格的询问方法。<br><br>**Step 5 How to cut down the price**<br>　　The way to cut down the price<br>　　设计意图：设置情境，讲授砍价方法。<br><br>**Step 6 How to make more money**<br>　　1.Watch the video and tell me what you think of the seller.<br>　　2.Who is the best seller?<br>　　设计意图：为开展课堂教学中的评价做好铺垫。<br><br>**Step 7 Homework**<br>　　1. Use the language that we learn to make a movie and send it to the teacher.<br>　　2. Teach them how to make a movie and send it to the teacher.<br>　　设计意图：培养学生动手实践的能力与学以致用的能力，激发学生学习英语的兴趣。 |

## 二、课堂教学设计

初中英语翻转课堂教学设计与单元整体教学、课前微课教学、课后探究反思教学一脉相承，要求统一思路，综合设计教学内容和教学活动。课堂教学设计精髓主要有以下几点。

### 1. 整体思路，承上启下

初中英语翻转课堂教学起着承上启下的作用，是检测学生课前自学效果、合作探究、拓展学生综合素养、决定课堂教学质量的重要一环。其关键点在于统一思路。如 Unit 7 *How much are these socks?* 的课堂教学设计以"我的生日 Party 大购物"为主线，以男生和女生竞技的方式，寓教于乐。通过游戏、竞赛等方式检测作业，经历协作、讨论、思考、阐述等活动过程，内化课堂，最后引导学生对金钱和人生进行思考。作业布置为分享对人生和金钱的看法以及预习下一节微课内容，为下一阶段的学习做铺垫。

### 2. 紧跟课标，理念先进

课程标准是课堂教学与考试的依据，初中英语翻转课堂教学设计理应以《义务教育英语课程标准（2011 年版）》为依据，同时参照《普通高中英语课程标准（2017 年版）》。此外，我们基于分层合作的翻转课堂秉承"合作、互助、探究""先学后教，以学定教"的理念，围绕学生设计、开展教学工作。

### 3. 分析到位，方法多样

我们开展的基于分层合作的初中英语翻转课堂教学设计与前期微课教学设计一样，需要分析学情、分析教材、分析目标、分析重难点，比较策略，寻找多样方法，开展高效精准的课堂教学设计。

### 4. 巧妙引入，抓住心扉

课堂教学设计导入的好坏直接决定能否吸引学生的注意力。而翻转课堂的导入方式很多，后文将做详细叙述。

### 5. 游戏检测，作业提升

有学者认为，将翻转课堂和以探究为导向的小组学习结合起来是一种有效的教学活动组织方式。这种结合了目标导向和问题探究的模式在教学中能够帮助学习者围绕教学目标深入理解教学内容。[①] 也有学者提出，将游戏化教学应用到翻转课堂中，是促进课上互动学习的有效方式，利用学习者对游戏的喜好以及对新鲜事物的好奇心吸引其注意力。[②]

翻转课堂教学若融入游戏，寓教于乐，能有效地吸引学生的注意力，避免学生因冗长的 40 分钟或 45 分钟课堂教学走神或无聊。另外，在翻转课堂教学中应用游戏还可以检测学生作业及学生的自学效果。如，我们可以设置头脑风暴游戏，让学生说出 TV show 的类型，还可以设置 lucky game 游戏，检测已学词汇、句型、语法等知识。

### 6. 活动扣题，选材充分

初中英语翻转课堂学生活动的设计要紧扣单元主题，教师可以在听说课上开展记忆挑战赛等活动，检测学生已学的语言知识，也可以运用已学知识开展趣配音活动，还可以在阅读课中进行改编，如将 *Hou Yi shoot the Suns* 这一故事改编为戏剧。此外，课堂活动的选材要充分考虑学生的接受能力。

### 7. 合作展示，激发自信

我们实施的基于分层合作的初中英语翻转课堂，课前学生借助微课、自主学习任务单自学，课中主要是合作展示作业。如：我们在 Unit 7 *How much are these socks?* 课堂教学中设计了小组成员合力拼字成句活动；在科普版英语九年级 Unit 2 *Saving the Earth* 一课中，设置了环境保护措施大比拼活动，要求组员 1 分钟内讨论保护环境的短语，3 分钟内在白板上写出相关短语，1 个人一次只能写 1 个短语，1 个短语 1 分，写出短语最多的小组得 3 分，第 2 名小组得 2 分，第 3 名小组得 1 分。此活动的主要设计意图在于照顾各个层次的学生的水平，让学生都能写，在检测已学知识的笔头能力、提高团队合作、竞争意识的同时，激发学生的自信，为环境保护会话教学做准备。

---

① N. B. Milman. The flipped classroom strategy: What is it and how can it best be used? [J]. Greenwich: Distance Learning，2012，9（13）：85–87.

② Hunt，Marc W. Video and Sound Production: Flip Out! Game On! [J].Techniques: Connecting Education and Careers（J3），2013（88）：36–38.

## 8. 拔高训练，分类指导

初中英语翻转课堂教学还应设计各种层次的训练题，对学生进行分类指导，一方面可以检测学生的掌握情况，另一方面可以进行拓展训练，对尖子生进行拔高指导。

## 9. 初中英语翻转课堂教学设计示例

### Unit 7 *How much are these socks*? 翻转课堂教学设计

设计者：谢展辉　工作单位：珠海中山大学附属中学　年级：初一

| 课题 | Unit 7 *How much are these socks*?（第二课时） |
|---|---|
| 授课课型 | 听说为主，同时兼顾语言能力的拓展 |
| 整体设计思路、指导依据说明 | 1. 整体思路<br>　　以"我的生日 Party 大购物"为主线，以男生和女生竞技的方式，寓教于乐。通过游戏、竞赛等方式检测作业，经历协作、讨论、思考、阐述等活动过程，内化课堂，最后引导学生对金钱和人生进行思考。作业布置为分享对人生和金钱的看法以及预习下一节微课内容，从而为下一阶段的学习做铺垫。<br>2. 指导依据<br>　　新课程标准理念以及对"翻转课堂"概念的把握。 |
| 教学内容分析 | 　　本课时主要围绕购物的话题，以服装为主线，主要涉及服饰词汇、颜色词汇、基数词的学习，以及学会询问价格、颜色等，以达到购物交际的目的；其中也涉及广告的阅读和写作，但这一部分是第三课时和第四课时的主要任务。 |
| 教学目标分析 | （1）语言技能目标：<br>①能听懂购物的基本用语，表达自己的看法，并能进行简单的交流；<br>②能在教师的指导下进行简单的购物角色表演。<br>（2）语言知识目标：<br>①掌握服饰单词，如 sweater，T-shirt，jacket 等；<br>②掌握颜色单词，如 red，purple，pink 等；<br>③掌握基数词的用法；<br>④运用所学知识进行购物；<br>⑤掌握评价销售员的简单用语。<br>（3）情感态度目标：<br>　　激发学生学习英语的兴趣，培养学生的动手能力，帮助学生树立正确的金钱观：取之有道，用之有度。 |

续表

| 教学目标分析 | （4）学习策略目标：<br>①能根据需要进行预习；<br>②把握学习的重点和难点；<br>③能利用网络等资源学习。<br>（5）文化意识目标：<br>在交际中能注意中外文化的异同。 |
| --- | --- |
| 教学重点分析 | 运用所学知识达到购物交际的目的 |
| 教学难点分析 | 综合运用所学知识进行购物交际，并对购物过程中的人及其行为进行评价。 |

教学策略、方法分析

1. 主要策略

（1）由浅入深，化繁为简

将任务分解为几个简单的小步骤，如询问物品、价格、颜色等，环环相扣，逐步达成目标。

（2）动手实践，同伴互教

鼓励学生亲自动手，如利用所学购物知识制作英文小电影，同学之间可以相互学习。科学研究表明，学生互教与动手实践的学习效果特别好。

（3）学生演示，视听并用

我们把教师演示改为学生录制演示视频，更能吸引学生的注意力，也能培养学生的动手实践能力。此外，利用科技手段，用视频和音频给学生带来视觉和听觉的冲击，增强学习效果，调动学习兴趣。

（4）激励引导，启迪人生

好的教师能够激励学生，让学生爱学、乐学。教学要和生活相联系，让学生在学会知识的同时感受人生真谛。

2. 主要教学方法

（1）任务型教学方法

通过设计学生自主学习任务单，指导学生观看微课视频，课前学习服饰、颜色、基数词等知识，完成相关练习；指引学生登录网站，利用所学购物知识制作英语小电影并发至教师的电子邮箱，以期实现在线学习、在线交流，增加师生交流互动的机会。

（2）合作学习法

在课堂教学环节，学生共分两大团队——男队和女队，分六个小组——男生和女生各设三个小组，实行男女对抗，组内竞争。采取全班竞赛的方式，获胜队、男队中表现最佳小组、女队中表现最佳小组均有奖励。

续表

| 教学过程 |
| --- |
| 步骤 1: Warming up and leading in<br><br>Do you like going shopping? Me, too. I like going shopping. And my birthday is coming. I am going to buy lots of things for my birthday party. Can you guess what I will buy for my birthday party?<br><br>设计意图：通过展示自己的购物照片激发学生的学习兴趣，引出 Guessing game 的学习。<br><br>步骤 2: Guessing game（微课学习检测）: Words of the clothes<br><br>设计意图：通过猜一猜活动，检测学生的微课学习效果，也为下一部分教学做好铺垫。<br><br>步骤 3: How can we ask the things we want<br><br>设计意图：检测已学知识，为购物会话教学做铺垫。<br><br>步骤 4: How can we ask the colors<br><br>设计意图：反馈已学知识，为购物会话教学做铺垫。<br><br>步骤 5: Competition game: Counting the money<br><br>设计意图：与 party 用钱呼应，了解不同钱币，复习基数词的用法，为购物会话教学做准备。<br><br>步骤 6: How to ask the price<br><br>设计意图：检测已学知识，为购物会话教学做准备。<br><br>步骤 7: Competition game : Making sentence<br><br>设计意图：小组合作，合力拼字成句，培养学生动手实践能力，增强学生自信心和团队合作意识。<br><br>步骤 8: Competition game: Try your luck<br><br>注：这一部分设计涵盖了中考题型训练（单选）、反义词（this,that 等）、同义句（What color do you want/need? 等）、询问价钱等购物用语，以及猜广告词、俗语的拓展等。<br><br>设计意图：通过游戏竞赛、观看视频的方式，综合检测、巩固、训练、拓展知识。这一部分设计全部围绕购物这一主题进行设计，也为后续教学任务做准备。<br><br>步骤 9: Competition game: Situation dialogue<br><br>设计意图：训练中考题型，为购物会话教学做准备。<br><br>步骤 10: Competition game: Checking homework（make a movie）<br><br>（1）作业上交情况反馈；<br><br>（2）作业展示。<br><br>设计意图：检查学生作业完成情况并在课堂上展示，增强学生的学以致用能力及动手操作能力，增强学生的自信心，调动学生对英语学习的兴趣。 |

步骤 11: Competition game: Who is the best seller?

（1）Watch the video and finish the listening exercise；

（2）Come and act it out；

（3）Discussing and thinking；

（4）One minute's talk for boys and girls；

（5）Voting time。

设计意图：训练学生综合运用语言的能力，拓展知识，培养学生的自信心，增强学生的团队意识。

步骤 12: Money and the world

设计意图：情感升华，洗涤心灵，倡导正确的金钱观、人生观。

步骤 13: Homework

（1）交流感受，以期产生情感共鸣；

（2）下期微课内容预告。

设计意图：增加师生沟通交流机会，设置悬念，吸引学生关注下一节微课学习。

教学评价设计

本课设计多种形式的活动，争取适合不同学习风格类型的学生，采用任务型教学和小组合作学习活动途径，倡导全体参与，注重过程评价，促进学生全面发展。评价手段主要是采用激励性评价的方法，激励学生主动完成任务。

## 三、课后教学设计

课后教学设计是课堂教学设计的延伸，也是连接课前教学设计的桥梁。初中英语翻转课堂课后教学设计主要是学生评价、课后作业设计、教学测评、总结反思。

在课后教学设计中，教师可以设置分层作业。例如，在复习语法模块中的代词作业时，可以设置如下内容：小组1、2号完成《南方新中考》代词习题并校对答案，将错题整理进错题本，预习基数词、时间的表示方法，第二天课堂展示；小组3、4号完成《南方新中考》习题，校对答案并向小组1、2号请教，第二天在课堂上主讲；小组5、6号背诵代词固定搭配与用法，第二天进行课堂抽查。

我们也可以设置学生自评、组员互评、自我反思等内容，如下表所示（表3-2）。

表 3-2　学习目标与反思设计示例

| 学习评价（针对本节课）： |
| --- |
| 自评：_____（A. 棒棒哒　　　B. 还是有漏网之鱼　　　C. 再接再厉） |
| 互评：_____（A. 国家栋梁　　　B. 可塑之才　　　　　　C. 明日之星） |
| 自我反思： |
| 组长 / 老师建议： |

　　此外，我们还可以设置课后教学任务单，并与第二节课的课前任务单结合使用，再一次巩固学习效果。

# 第四章　自主学习任务单设计探秘

学生自主学习任务单是学生高效自学的载体，是实现课堂翻转的关键因素。自主学习任务单分课前自主学习任单、课堂自主学习任务单、课后自主学习任务单三大模块，从内容上看主要包括学习目标、学习任务、学法建议、内容预告、自评与内容收集等。

## 第一节　课前自主学习任务单设计

### 一、目标导向，任务驱动

#### 1. 设置目标，把握重点

初中英语翻转课堂自主学习任务单是学生自学的指南，能让学生明确自己的学习任务，学习的重难点在哪里。教师通过设置学习目标，注明重难点，让学生做到心中有数，为学生的自学提供明确的指导。如我们在 Unit7 *How much are these socks?* 的自主学习任务单中设置的学习目标如下表（4-1）所示。

表 4-1　自主学习任务单目标与重难点设计示例

| 一、学习指南 |
| --- |
| 1. 课题名称：Unit 7 How much are these socks? |
| 2. 学习目标：<br>（1）通过观看教学视频，学会服饰单词、颜色单词、数字表示方法；<br>（2）通过观看教学视频，掌握如何询问价格、颜色和讨价还价等知识，并能用这些知识进行模拟情景购物对话； |

续表

（3）通过观看教学视频，把握怎样去评价谁是最好的销售员；

（4）通过观看视频和自主学习任务单的提示，登录网站，制作英文购物小电影。

3.学习重难点：

（1）掌握购物会话中相关的服饰、颜色、数字等词汇以及询问价格、颜色和讨价还价；

（2）掌握评价谁是最好的销售员的基本用语；

（3）运用所学知识，制作英文小电影。

## 二、学法指导，活动预告

在学生前期学习及学情分析的基础上，教师要给予学生明确的学习方法指导，做到精准施策。此外，教师还应提前告知学生即将进行的课堂教学活动，让学生心中有数，为课堂展示等活动做好准备。如在 Unit 7 *How much are these socks?* 课前自主学习任务单中，我们做了如下设置（表 4–2）。

表 4–2　学习方法建议及活动预告设计示例

4.学习方法建议：

（1）小组合作，同伴互教；男女同学可以各分成三个小组，组内或组外同学可以相互学习；

（2）反复观看微课视频，模仿跟读，学习衣服单词、颜色单词、基数词和其他购物用语等。

（3）动手实践，反复尝试。亲自动手操作，登录网站，利用所学知识，制作英文购物小电影。

5.课堂学习形式预告：

（1）全班竞赛，男女 PK，组内竞争；同学共分为男队和女队两支队伍，男队和女队又各分三个小组。男队获胜，全体男同学有奖；女队获胜，全体女同学有奖；男队或女队中得分最高的小组也将获得丰厚奖品。

（2）检测已学知识：衣服单词、颜色单词、基数词、如何询问价格、如何评论销售员等；

（3）作业反馈与展示：制作英文小电影；

（4）小组讨论与思考：谁是最好的销售员和顾客；

（5）模拟真实情景，组内互演销售员和顾客，然后上台表演购物对话；

（6）第三课时微课学习内容预告。

## 三、任务驱动，问题导向

初中英语翻转课堂自主学习任务单一定要细致、可操作性强，让学生在任务的驱动下，带着问题完成相关学习任务。这就要求教师在课前要做足工作，让学生的学习任务精细化、问题导向化。如，我们对 Unit 7 *How much are these socks?* 课前自主学习任务单的任务做了如下设置（表 4-3）。

表 4-3　课前学习任务设计示例

| 二、学习任务 |
| --- |
| 通过观看教学视频自学，完成下列学习任务：<br>1. 学会服饰单词、颜色单词、数字表示方法；<br>2. 掌握问价钱、颜色和讨价还价等购物知识；<br>3. 体验怎样去评价谁是最好的销售员；<br>4. 登录网站，利用所学知识制作英语购物对话小电影。 |

### 四、自评反思，问题收集

真正高效的学习要能引发学生思考，触动学生的心灵。我们在设计课前学习任务单时可以设置学生自评与反思题目，引导学生发现问题并及时记录下来，在上课之时或与教师及同学沟通交流之时，进行更深入的讨论。

### 五、课前自主学习任务单设计示例

#### 话题九：计划梦想与一般将来时自主学习任务单

拟稿人：谢展辉　　审稿人：

班级：_____　　小组：_____　　姓名：_____　　学号：_____

【学习目标】

1. 复习计划安排与梦想表达法及听说训练；

2. 掌握话题相关阅读写作技能；

3. 掌握一般将来时的用法。

【学习重点难点】

重点：掌握相关词汇、短语的用法；

难点：话题相关知识的灵活运用以及语言知识的拓展。

【学法建议】

1. 课前观看微课视频，完成课前学习任务单，准备课堂任务的检测与展示；

2. 标注疑惑地方，准备课堂提问。

**【课堂活动预告】**

1. 头脑风暴：根据提示写出有关职业的词汇；

2. 竞技游戏：Guessing games（What are their dream jobs？）；

3. 听填信息训练（Listening practice）；

4. 语法知识：一般将来时；

5. 一分钟励志谚语大挑战；

6. 阅读短文，回答问题（中考新题型）；

7. 书面表达：My dream。

**一、朗读与记忆材料（部分源于网络或汇编整理）**

（一）高频及核心词汇

职业类词汇：

| | |
|---|---|
| 1. worker 工人 | 2. farmer 农民 |
| 3. master 主人；雇主 | 4. manager 经理 |
| 5. bank clerk 银行职员 | 6. doctor 医生 |
| 7. nurse 护士 | 8. engineer 工程师 |
| 9. pilot 飞行员 | 10. designer 设计师 |
| 11. actor 演员 | 12. waiter 侍应 |
| 13. secretary 秘书 | 14. reporter 记者 |
| 15. pioneer 先锋，开拓者 | 16. postman 邮递员 |
| 17. cook/chef 厨师 | 18. fisherman 渔民 |
| 19. driver 司机 | 20. coach 教练 |
| 21. scientist 科学家 | 22. inventor 发明家 |
| 23. soldier 士兵，战士 | 24. officer 军官；公务员 |
| 25. policeman 警察 | 26. president 总统，主席 |
| 27. director 主任；导演 | 28. boss 老板 |
| 29. computer programmer 电脑工程师（程序员） | |
| 30. artist 艺术家 | |

计划类词汇：

1. plan 计划

2. wish 愿望

3. decide 决定

4. idea 想法

5. divide 分成

6. agree 同意，赞成

7. dream 梦想

8. want 想要

9. realize 认识到；了解

10. hope 希望

11. expect 期望

12. holiday/vacation 假期

安排类词汇：

1. organize 组织

2. try 尝试

3. promise 承诺

4. purpose 目的

5. arrange 安排

6. report 报道

7. reply 回复

8. return 归还

9. solve 解决

10. send 派遣

11. project 工程；项目

12. fly 飞行

其他词汇：

1. practice 练习

2. beach 沙滩

3. camp 野营

4. become 成为

5. sure 确信

6. achieve 实现

7. hotel 旅馆

8. airport 机场

9. business 生意；商业

（二）重点短语

1. take part in 参加

2. build up 积累

3. set up 成立

4. pay attention to 注意；重视

5. get ready to 为……做准备

6. plan to do sth. 计划做某事

7. decide to do sth. 决定做某事

8. be about to do sth. 即将做某事

9. want to do sth. 想要做某事

10. hope to do sth. 希望做某事

11. ask...for help  请求帮助

12. wish（sb.）to do sth. 希望（某人）做某事

13. do one's best to do sth. 尽力做某事

14. look forward to doing sth. 期盼做某事

15. try to do sth. 尝试去做某事

16. dream of/about doing sth. 梦想做某事

17. divide into 把……分成

18. agree to do sth. 同意做某事

19. make up one's mind to do sth. 下决心去做某事

20. imagine doing sth. 想象做某事

21. go to college/university 上大学

22. get a good education 得到好的教育

23. study abroad 出国留学

24. realize/achieve dreams 实现梦想

25. further study 深造

26. insist on / stick to 坚持

27. spend some time doing sth. 花时间做某事

28. keep healthy 保持健康

29. be worried about 担忧

30. communicate with 与……交流

31. give some advice/suggestions 给出建议

32. prepare for 为……做准备

33. somewhere fantastic 美妙的地方

34. relax oneself 放松自己

35. open up one's mind 开阔视野

36. increase knowledge 增长知识

（三）重点句子

1. What are you going to be when you grow up？当你长大后，你想成为什么？

2. I always dream of being a pilot in the future. 我总是梦想着未来能成为一名飞行员。

3. I plan to go to the seaside with my friends next month. 下个月我计划和我的朋友们去海边玩。

4. We are going to have a surprise party for her. 我们打算为她举办一个惊喜派对。

5. I want to be an engineer. 我想成为一名工程师。

6. How are you going to do that? 你打算怎么做呢?

7. I'm going to study math really hard. 我打算很努力地学数学。

8. What is your dream? 你的梦想是什么?

9. My dream is to travel around the world. 我的梦想是环游世界。

10. I will try my best to make my dream come true. 我会努力去实现我的梦想。

11. I believe that my dream will come true some day. 我相信我的梦想有一天会实现。

12. We shouldn't give up our dream. Instead，we must hold on to the end. 我们不应该放弃我们的梦想。相反，我们必须坚持到最后。

13. I want to learn to play the guitar. 我想学习弹吉他。

14. I hope to visit Hawaii one day. 我希望有一天能去参观夏威夷。

15. We expect to have a long holiday to relax. 我们期待能有一个漫长的假期来放松一下。

16. I am looking forward to hearing from you. 我在期待着你的回信。

17. We can learn about the outside world and open up our mind. 我们可以了解外面的世界来开阔视野。

18. We should read more books to increase knowledge. 我们应该多读书来增长知识。

19. It's a good idea to do sports to keep healthy. 运动保持健康是个好主意。

20. Looking forward to your reply. 期待着你的回复。

（四）励志谚语

1. No pains, no gains. 没有付出就没有回报。

2. Where there is a will, there is a way. 有志者事竟成。

3. Nothing is difficult to the man who will try. 世上无难事，只怕有心人。

4. A journey of a thousand miles begins with a single step. 千里之行，始于足下。

5. All things come to those who wait. 苍天不负苦心人。

6. There is but one secret to success—never give up! 成功的秘诀只有一个：永不放弃！

7. Great hopes make great man. 伟大的理想造就伟大的人。

8. The future belongs to those who believe in the beauty of their dreams. 未来属于那些相信梦想的人。

9. I believe nothing is impossible. 我坚信，一切皆有可能。

10. Try your best! 尽力而为！

11. Just do it! 撸起袖子加油干吧！

12. A year's plan starts with spring.A day's plan starts with morning. 一年之计在于春，一天之计在于晨。

13. Better late than never. 迟做总比不做好；晚来总比不来好。

14. While there is life there is hope. 一息若存，希望不灭。

15. All things are difficult before they are easy. 凡事必先难后易。

16. Actions speak louder than words. 事实胜于雄辩。

（五）范文背诵记忆

范文 1

## My Plan after Graduation from Junior Middle School

I will graduate from junior middle school soon. After graduation, I want to go to senior high school for further study. Now, I am not so good in my study. So I will try my best to improve all the subjects I am studying now. At the same time, I know health is very important in study. Therefore, I will go running after class every day to keep myself healthy and strong. Healthy body will make me full of energy in study. In this way, I think my dream will come true soon.

范文 2

## My Dream

Recently, our class held a class meeting in which we talked about our dreams. Now I'd like to say something about my dream. As a student, my dream is to become a soldier to safeguard our country, because I have been an army fan since childhood.

To make my dream come true, I plan to do the following things. First, I will study hard to get excellent grades. Second, I will keep exercising every day in order to keep myself stronger and stronger. Third, I will continue to pay attention to the life of soldiers so as to get myself ready for it.

I hope I can achieve my dream in the near future.

## 二、课前知识检测

（一）词汇知识检测

职业类词汇：

1. _____ 工人
2. _____ 农民
3. _____ 主人；雇主
4. _____ 经理
5. _____ 银行职员
6. _____ 医生
7. _____ 护士
8. _____ 工程师
9. _____ 飞行员
10. _____ 设计师

11. _____ 演员　　　　12. _____ 侍者

13. _____ 秘书　　　　14. _____ 记者

15. _____ 先锋，开拓者　　16. _____ 邮递员

17. _____ 厨师　　　　18. _____ 渔民

19. _____ 司机　　　　20. _____ 教练

21. _____ 科学家　　　22. _____ 发明家

23. _____ 士兵，战士　　24. _____ 军官；公务员

25. _____ 警察　　　　26. _____ 总统，主席

27. _____ 主任；导演　　28. _____ 老板

29. _____ 电脑工程师（程序员）　30. _____ 艺术家

计划类词汇：

1. _____ 计划　　　　2. _____ 愿望

3. _____ 决定　　　　4. _____ 想法

5. _____ 分成　　　　6. _____ 同意，赞成

7. _____ 梦想　　　　8. _____ 想要

9. _____ 认识到；了解　10. _____ 希望

11. _____ 期望　　　　12. _____ 假期

安排类词汇：

1. _____ 组织　　　　2. _____ 尝试

3. _____ 承诺　　　　4. _____ 目的

5. _____ 安排　　　　6. _____ 报道

7. _____ 回复　　　　8. _____ 归还

9. _____ 解决　　　　10. _____ 派遣

11. _____ 工程；项目　　12. _____ 飞行

其他词汇：

1. _____ 练习　　　　2. _____ 沙滩

3. _____ 野营　　　　4. _____ 成为

5. _____ 确信　　　　6. _____ 实现

7. _____ 旅馆　　　　8. _____ 机场

9. _____ 生意；商业

（二）重点短语

1. _____ 参加

2. _____ 积累

3. _____ 成立

4. _____ 注意；重视

5. _____ 为……做准备

6. _____ 计划做某事

7. _____ 决定做某事

8. _____ 即将做某事

9. _____ 想要做某事

10. _____ 希望做某事

11. _____ 请求帮助

12. _____ 希望（某人）做某事

13. _____ 尽力做某事

14. _____ 期盼做某事

15. _____ 尝试去做某事

16. _____ 梦想做某事

17. _____ 把……分成

18. _____ 同意做某事

19. _____ 下决心去做某事

20. _____ 想象做某事

21. _____ 上大学

22. _____ 得到好的教育

23. _____ 出国留学

24._____ 实现梦想

25._____ 深造

26._____ 坚持

27._____ 花时间做某事

28._____ 保持健康

29._____ 担忧

30._____ 与……交流

31._____ 给出建议

32._____ 为……做准备

33._____ 美妙的地方

34._____ 放松自己

35._____ 开阔视野

36._____ 增长知识

（三）重点句子互译

1. 当你长大后，你想成为什么？

2. 我总是梦想着未来能成为一名飞行员。

3. 下个月我计划和我的朋友们去海边玩。

4. 我们打算为她举办一个惊喜派对。

5. 我想成为一名工程师。

6. 你打算怎么做呢？

7. 我打算很努力地学数学。

8. 你的梦想是什么？

9. 我的梦想是环游世界。

10. 我会努力去实现我的梦想。

11. 我相信我的梦想有一天会实现。

12. 我们不应该放弃我们的梦想。相反，我们必须坚持到最后。

13. 我想学习弹吉他。

14. 我希望有一天能去参观夏威夷。

15. 我们期待能有一个漫长的假期来放松一下。

16. 我在期待着你的回信。

17. 我们可以了解外面的世界来开阔视野。

18. 我们应该多读书来增长知识。

19. 运动保持健康是个好主意。

20. 期待着你的回复。

**三、课前预习：一般将来时与完成网络问卷**

1. 一般将来时用法：

_____

2. 一般将来时结构：

_____

3. 一般将来时标志性词：

_____


# 第二节 课堂自主学习任务单设计

## 一、依纲据典，紧跟设计

初中英语翻转课堂自主学习任务单的设计以新的课程标准和考试大纲为依据，紧紧围绕课堂教学设计而展开，服务教学，帮助学生学有所依。

## 二、方便记录，易于操作

课堂自主学习任务单的一大功能是帮助学生简化记录，方便整理，易于操作。如教师可以在语法教学课堂自主学习任务单中设置示例与训练、推导与小结，方便学生归纳与整理，详见表4-4。

表4-4　课堂学习任务单功能示例

语法知识：一般将来时

（一）示例与训练

1. I will start ＿＿＿＿＿＿＿＿＿＿.（从现在开始）

2. I am going to start ＿＿＿＿＿＿＿＿＿＿.（明天）

3. I will start ＿＿＿＿＿＿＿＿＿＿＿＿.（后天）

4. I will start ＿＿＿＿＿＿＿＿＿＿.（三天后）

5. I will start ＿＿＿＿＿＿＿＿＿＿.（在将来）

6. I am going to start ＿＿＿＿＿＿＿＿＿＿.（下周）

（二）推导与小结

1. 一般将来时用法：＿＿＿＿＿＿＿＿＿＿＿＿＿＿＿＿＿＿＿＿＿＿

2. 一般将来时结构：＿＿＿＿＿＿＿＿＿＿＿＿＿＿＿＿＿＿＿＿＿＿

3. 一般将来时标志性词：＿＿＿＿＿＿＿＿＿＿＿＿＿＿＿＿＿＿＿＿

## 三、检测提升，助力思考

初中英语翻转课堂教学主要是检测学生已学知识，让学生合作展示学习成果，交流、探究、拓展知识，帮助学生学会思考，全面提升学生综合素质。因此，学习任务单中设置相应的检测提升、讨论思考任务显得尤为重要。如，在讲授人教版英语九年级 Unit 6 *When was it invented*? 一课时，我们设置了阅读回答问题和独立思考任务（详见表4-5）。

表4-5　检测思考设置示例

四、Read paragraph 1 and answer the following question.

1. What is the tea make of?

2. Who was it invented by?

3. Where was it invented?

4. When was it invented?

5. How was it invented?

6. Why ?

五、Discussing and thinking.（小组讨论与思考）

1. Why is Chinese tea so popular?

2. What can tea bring to us?

## 四、课堂自主学习任务单设置示例

### Unit 7 *How much are these socks?* 课堂学习任务单（导学案）

作者：谢展辉　任教年级：初一

温馨提示：这节课实行男女 PK，组内竞争。获胜的队或队中得分最高的小组都将获得神秘礼物。希望大家踊跃参赛！

请在你会的知识点前画上"√"。

一、Guessing game: Words of clothes（竞猜服饰单词）

二、How can we ask the things?（问想要买的物品）

三、How can we ask the colors?（询问颜色）

四、Competition game：Counting the money（基数词 0–100）

五、How to ask the price?（询问价格）

六、Competition game：Try your luck

1. How much _____ this jacket?

　　A. are　B. is　C. am　D. do

2. 找出"需要买一双袜子"的同义词。

_____

3. 说出问"顾客要什么颜色"的句子。

_____

4. 说出形容销售员的单词。

_____

5. 销售员接待顾客用语。

_____

6. how many, how much, how often 的区别。

_____

7. 询问价格。

_____

8. How about this one? 的同义句。

_____

9. 说出 "我要买了它" 的句子。

_____

10. 猜广告语。

_____

11. 说出砍价的句子。

_____

12. 翻译 "每一枚硬币都有两面"。

_____

七、Competition game: Situation dialogue

角色：Tom，销售员；Maria，顾客

情景：Maria 在这家服装店花了 60 美元买了件红色的毛衣。

提示：你将扮演 Maria 的角色。

Tom: Can I help you?

考生：_____.

Tom: OK. What color do you want?

考生：_____.

Tom: What about this one?

考生：_____?

Tom: It is $ 60.

考生：_____.

八、Checking your homework：Making a movie

九、Competition game：Who is the best seller?

（一）Watch the video and finish the listening exercise

（  ）1. What does the girl want to buy?

   A. skirt  B. bag  C. shirt  D. shoes

（  ）2. What color does the girl like?

A. Blue        B. Yellow    C. pink        D. red

（    ）3. How much does it take the girl to buy it?

A. ￥19        B. ￥80      C. ￥8        D. 26

（二）Act out as seller and customer（组内互演销售员和顾客，然后上台表演）

Tips（提示：购物对话参考）

A: Welcome to my store. This way, sir / lady.

B: Thank you!

A: Can I help you?

B: Yes, please. I want a sweater.

A: What color do you want?

B: Blue.

A: How much is it?

B: It is 60 Yuan.

A: It is too expensive. How about 50 Yuan?.

B: I am sorry. We can't do that. How about 58 yuan?

A: OK. I will take it. Here is the money.

B: Here is your sweater. Thank you!

A: You are welcome!

A: Welcome to visit my store next time.

B: See you!

A: See you! Have a good day!

（三）Discussing and thinking（讨论与思考）

Who is the best seller?（讨论：刚才上台表演的同学谁是最好的销售员？一分钟诉说理由，一个理由 1 分。）

提示：

I think Li Hua is the best seller 或 I think the girl's / boy's team is the best seller team because...

（1）she / he is good at talking with people...

（2）she / he can make other people like the clothes in his / her shop...

（3）she / he is easy going / friendly...

（4）she / he has many clothes / things / sweaters / T-shirts...to sell and they have many choices（选择）.

（5）she / he has many things for boys and girls and they will like it.

（6）she / he has the best service, he can sing/dance / play with them.

（7）she / he sells the clothes / sweaters...at a very good price. All of the students can buy it.

**十、Homework**

Tell me what you think of money and share it with me. Preview the video of next class. In the next class, I will teach you how to make money by opening your own shop. If your have any question you can contact（联系）me.

E-mail address: xiezhanhui79@163.com.

Good luck! Have a good future!

# 第三节　课后自主学习任务单设计

课后自主学习任务单的主要目的在于巩固学生已学知识、思考评价已学知识、探究拓展未学知识并为下一节微课的学习做好准备。初中英语翻转课堂课后自主学习任务单的设置要注意以下几个问题。

## 一、基础与拓展并重

课后自主学习任务单既要设置基础的题目，也要设置拓展提升的题目，以适应不同基础的学生，帮助各个层次的学生得到提升。比如，在沪教外研版英语七年级上册 Unit 5 *Visiting the Moon* 一课的课后学习任务单中，我们设置了基础题、巩固训练，还设置了拓展训练，以满足不同层次学生的需要，详见表4-6。

表 4-6　课后自主学习任务单中难易题设置示例

**一、基础任务**

1. 做运动　　　　　　　　2. 以便

3. 如此……以至于……　　4. 拍照

5. 也就是说；即　　　　　6. 尽某人所能地……

7. 把……带到……　　　　8. 把……系在……

9. 它花费了……

**二、巩固训练：广州中考真题大挑战（改编为一空一词）**

1. 学好英语，以便我们能够与世界分享中国故事。（2020 年广州中考真题）

Learn English well ＿＿ ＿＿ we can share Chinese stories with the world.

2. 你讲得太快了，我听不懂，能再说一次吗？（2016 年广州中考真题）

You spoke ＿＿ fast ＿＿ I couldn't understand you. Would you say it again?

3. 从这里走到白云山顶大约要花一小时。（2020 年广州中考真题）

＿＿ ＿＿ about an hour ＿＿ ＿＿ to the top of the Baiyun Mountain from here.

4. 从广州开车到清远需要多长时间？（2010 年广州中考真题）

How long does ＿＿ ＿＿ to drive from Guangzhou to Qingyuan?

5. 如果你足够细心，就不会犯简单的错误。（2018 年广州中考真题）

You won't ＿＿ any simple mistakes ＿＿ you are careful enough.

6. 如果你现在不出发，你就会错过末班车。（2015 年广州中考真题）

＿＿ you don't leave now, you ＿＿ miss the final bus.

**三、拓展训练**

【2010】广州中考真题

**What will astronauts（宇航员）eat when a space trip takes years?**

"Lots of fresh vegetables," says Dr. Janet Williams, whose team have spent the last 10 years learning how to grow plants in a space station. And it's a good thing that she has already started her work, because space gardening can be really hard.

As usual, astronaut George White looked into the closed plant room. He had planted Dr. Williams's quick-growing seedlings in it, but none of the stems were showing. He opened the room to check and found the problem. The stems weren't growing upward and the roots weren't growing downward. On Earth, gravity（重力）helps a plant's stems and roots to find "up" and "down". However, in the space station, there was almost no gravity.

Dr. Williams suggested a solution: give the plants more light, as plants also use sunlight to find their way. And it worked. When the plants had more light, the stems turned up and the roots went down.

Now Dr. Williams was free to worry about the next problem: Would her baby plants live to flower? Can we grow food on a space journey?

Many plants died in the space station. Dr. Williams thought she knew why: the space plants were hungry for air. Plants live by taking up $CO_2$ from the air. Since a plant uses it up in the air around, the plant needs moving air to bring more $CO_2$ close to its surface! On Earth, the air is always moving. Gravity pulls down cold air, and warm air rises. And with these air movements, plants get enough $CO_2$.

Many earlier experiments with plants in space had used closed rooms. Dr. Williams tried a new greenhouse that had a fan to keep the air move. The plants loved it. They flowered and even produced more seeds. Using Dr. Williams's method, astronaut George completed the first seed-to-seed experiment in space, and moved one plant closer to a garden in space.

"And this," says Dr.Williams, "is good news for long-term space travel."

41. Why have Dr. Williams's team tried to grow plants in space?

　　A. To produce fresh air for astronauts.

　　B. To help astronauts relax themselves.

　　C. To provide food for long space journeys.

　　D. To make the space garden more beautiful.

42. How did light help solve the problem mentioned in Paragraph 3?

　　A. It caused the gravity to change.

　　B. It encouraged the plants to grow faster.

　　C. It helped the plants to grow in the right direction.

　　D. It showed the astronauts where to plant vegetables.

43. Why did many plants die in the space station?

　　A. The light was too strong.　　　　　　B. There was too much $CO_2$.

　　C. There was not enough room to grow.　　D. The air condition was not good enough.

44. The underlined word "it" in Paragraph 7 refers to_____.

　　A. the moving air　　　　　　　　B. the closed room

　　C. the space journey　　　　　　　D. the space garden

45. What can we learn about Dr. Williams's team from the passage?

　　A. They mainly live on fresh vegetables.

　　B. They have successfully built a space garden.

　　C. They invented a special fan for their greenhouse.

　　D. They have worked on space gardening for many years.

## 二、反思与评价并举

在课后自主学习任务单中,教师可以设置自我反思与评价任务,帮助学生总结收获,反思不足,促进成长。如在被动语态复习课中,教师可以给学生布置"我的收获、我的困惑、我的不足"任务，帮助学生反思成长。

学生的评价主要由测试软件进行。教师可以加强翻转课堂的监控和管理。为确保学生真正观看微课视频并完成学习任务单，教师可以在课前检查学生的笔记和学习任务单，并做好评价记录。当然，对学生作业的检查，教师也可以使用相应的作业检测APP，做到及时监控、评估管理。

对学生学习过程的监控和评价，教师可以通过一些直播软件，要求学生打开摄像头，实时监测学生的学习过程。直播结束后，教师可以借助平台的统计功能，查看学生的学习时长、在线状态等，对学生学习过程进行评价。

对学生学习效果的检测，教师则可以让学生参加在线测试，实时生成成绩，以便对学生进行实时评价。

# 第五章 初中英语微课开发与翻转课堂运用探秘

初中英语学科微课资源的开发及其在翻转课堂的运用奥妙无穷，笔者在本章中列举一二与大家共赏。

## 第一节 微课资源开发

### 一、思路制胜，设计第一

初中英语翻转课堂微课视频等配套资源开发制作的关键是课程思路，课程思路设计直接决定微课资源的优劣成败。微课资源的开发更是基于思路设计而定，遵循设计第一原则。

### 二、工具选择，实用为上

"至繁归于至简"，有的时候，越是简单的，越是最有意义的。录课工具的选择遵循"实用为上，简单好用，学得会，用得上"原则。适合教师自己的，教师能掌握的，就是最好的。

#### （一）录课工具选择

现行的录课工具有很多，如 Camtasia Studio、Power Point、Corel ScreenCap X9、屏幕录像机等软件。我们也可以用手机或摄像机直接录制。各种录课工具各有其优点，教师选择简单实用、学得会、用得好的就行。

## （二）交流工具选择

现在的社交工具发达，师生之间、生生之间可以实现无障碍全天候的对接交流。教师可以利用 QQ、微信、钉钉等交流工具，建立 QQ 群、微信群、钉钉群等进行交流；也可以借用问卷星、问卷网等进行问卷调查或网上测试，并进行数据统计；还可以借用翼课网、一起作业、口语 100 等进行在线辅导、在线测试和实时分析。

## 三、合理有趣，精简易懂

微课资源的开发应注意微课的合理性、科学性、有趣性，尽量做到精简易懂，惜时高效。

### 1. 10 分钟原则

科学研究表明，学生不能长时间对同一事物保持注意力。学生集中注意力的时间在 10 分钟左右。因此，微课视频一般不宜超过 10 分钟。

### 2. 精简高效原则

微课虽小，但"五脏俱全"，浓缩课堂精髓。这就要求教师在制作微课时，无论是语言，还是知识点提炼，要做到短小精悍，字字是金。

### 3. 合理有趣原则

微课的合理有趣主要体现在设计的重难点把握以及解决技巧上，可以通过夸张幽默的图片、趣味故事、游戏活动来增强微课视频的可看性和趣味性，吸引学生的注意力。

# 第二节　微课资源运用

## 一、微课资源课前运用

### 1. 观看微看视频，完成任务单

观看微课视频，完成任务单是在翻转课堂中最常运用的。借助微课视频和任务单，可以实现课前翻转自学。

2.完成网上问卷，课堂教学运用

教师可以借助问卷星或问卷网，设置问卷内容，实施网上问卷调查并进行数据统计，然后借助数据进行课堂教学设计。如在教授人教版英语九年级 Unit 9 *I like music that I can dance to* 一课时，我们设置了如下问卷内容：

（1）What is your favorite English or foreign language song? Who sings this song?（你最喜欢的英文歌曲或外文歌曲是什么？它是由谁唱的？）

（2）What is your favorite Chinese song? Who sings this song?（你最喜欢的中文歌曲是什么？它是由谁唱的？）

（3）What is your favorite gift that you have ever had?（你曾收到的最好的礼物是什么？）

（4）Why do you like it?（你为什么喜欢它？）

（5）Who sent it to you?（谁送给你的？）

（6）What is it made of？（它是由什么材料做成的？）

（7）Where was it made？（它是由哪里制造的？）

（8）What is it used for?（它可以用来做什么？）

（9）What gift do you like best if you have a chance to get one?（如果有机会获得一份礼物的话，你想要什么样的礼物？）

问卷数据回收统计后，我们根据调查情况，设计了听歌猜名的课堂游戏。

## 二、微课资源课堂运用

### 1.课堂展示学生制作的微课视频

学生的可塑性相当强，他们的力量也是超乎想象的。微课教学视频可以由教师制作，也可以发动学生制作。学生制作的微课视频有可能比教师制作的还要好。学生制作完毕后，教师进行收集，在课堂教学时进行展示。如在教授 Unit 7 *How much are these socks?* 之前，我们要求学生观看视频，借助课前自主学习任务单，登录网站，利用所学知识制作购物小电影。又如，在教授 Unit 6 *When was it invented*？之前，我们要求学生各组任选一项或两项作业：

（1）介绍中国茶叶故事与文化（制作 PPT、视频、word 文档，加背景音乐）；

（2）扮演并解说与茶叶相关的内容（内容 1：神农发现茶叶的故事；内容 2：假设你是茶圣，请为你的书《茶经》举办新书发布会，推介你的新书，吸引大家购买你的书；自己设计英文台词，制作 PPT）；

（3）介绍科技史上的一项意外发明（设置成中考题阅读题型，三道选择题，分别是了解文章大意、猜测单词中文意思、了解文章细节；生成 word 文档，制作成 PPT，配一幅图）；

（4）介绍一项你最喜欢的发明（设置成中考题型，三道问答题，生成 word 文档，制作成 PPT，配一幅图）；

（5）介绍你将来最喜欢的一项发明（设置成中考题型，一道问答题，生成 word 文档，制作成 PPT，配一幅图）。

## 2. 将自制视频用于课堂听说教学等活动

课堂教学当中，教师可以将自己制作的微课视频用于听说教学当中。如在教授 Unit 9 *I like music that I can dance to* 一课时，我们让学生观看视频并回答以下问题：

（1）Can Linda come to the party?

A.Yes，she can.　　　　B. No，she can't.　　　　C. We don't know.

（2）Linda likes music that _____ .

A. sing along with　　　　B. quiet　　　　C. has great lyric

（3）Linda likes movie that _____ .

A. is educational　　　　B. is funny　　　　C. is exciting

（4）Linda likes friends who are _____ .

A. smart　　　　B. humorous　　　　C. kind and friendly

（5）Linda likes clothes which are _____ .

A. expensive　　　　B. colorful　　　　C. comfortable

另外，在课堂教学过程中，教师还可以让学生观看视频，然后说出或写出相关短语。如，在进行人教版英语九年级 Unit 7 *Teenagers should be allowed to choose their own clothes* 中 Section A 3a，Mom Knows Best 的阅读任务时，我们可以让学生欣赏英文版的视频，然后要求学生复述或写下所听到的短语。

### 三、微课资源课后运用

#### 1. 结合下一节微课内容

微课资源在翻转课堂课后教学中的运用主要是结合下一节微课内容。课后教学更多的是思考性、探究性任务，微课也是如此。如，在教授 Unit 6 *When was it invented?* 一课时，我们布置了"制作一个小视频，介绍你最喜欢的一项发明，在下一课中进行展示"的任务。

#### 2. 调动家长共同参与使用

微课视频的观看以及翻转课堂的实施离不开家长的支持和配合。在初中英语课后教学中，教师可以提前录好学生观看的微课，说明需要家长配合的事项等，通过 QQ 群、钉钉群、腾讯课堂等播出；也可以通过以上平台或软件与家长进行现场直播会议。此外，教师还可以设置亲子作业，如让学生征求父母对 hair style，family rules，school rules 等的看法。

# 第六章　初中英语课堂分层合作与翻转课堂模式探秘

　　国内外学者依据不同的标准对翻转课堂的概念和模式做出了不同的诠释，其中有代表性的主要观点有：张金磊等教授在其论文《翻转课堂教学模式研究》中对艾尔蒙湖小学、克林顿戴尔高中、河畔联合学区的翻转课堂教学模式进行解读，并首次根据 Robert Talbert 的翻转课堂结构图总结出"课前观看教学视频、进行课前针对性练习，课堂确定问题、独立探索、协作学习、成果交流[①]"的翻转课堂教学模式。王红也基于 Robert Talbert 的翻转课堂结构图并整合美国高地村小学与加拿大穆斯乔草原高中的翻转课堂实施模式，提出"课前创建视频、制定练习、自主观看、针对练习、媒体交流，课内确定问题、解决问题、探究活动、成果交流、评价反馈[②]"的一体化翻转课堂设计实施方式。姜艳玲将国外学习成效金字塔理论与翻转课堂相结合，提出"利用网络进行观看视频、任务驱动，线下组内展示与协作、评价交流、反思评价。[③]"陈怡教授的总结"课前视频学习，课中合作探究、个性化指导、巩固练习、总结点拨及反馈评价[④]"观点与姜艳玲教授的观点基本一致，均认为课中的内化是翻转课堂实施的重要环节。

　　田爱丽教授认为"课前自主学习、完成进阶作业，学生交流汇报，教师

---

　　① 张金磊，王颖，张宝辉. 翻转课堂教学模式研究 [J]. 远程教育杂志，2012（4）：46–51.
　　② 王红，等. 翻转课堂教学模型的设计——基于国内外典型案例分析 [J]. 现代教育技术，2013（8）：5–10.
　　③ 姜艳玲，徐彤. 学习成效金字塔理论在翻转课堂中的应用与实践 [J]. 中国电化教育，2014（7）：133–138.
　　④ 陈怡，赵呈领. 基于翻转课堂模式的教学设计及应用研究 [J]. 现代教育技术，2014（2）：49–54.

导入课堂，学习问题呈现与探究，当堂检测与深化提升①"是翻转课堂实施的重要模式，课前必须通过进阶作业的评判决定学习效果；张其亮认为翻转课堂的实施主要在于课前"制定教学任务、建立课程资源、学生教学培训、课内混合式学习②"；董黎明教授也持有相同观点，认为翻转课堂实施主要集中于课前的"教学分析与设计、教学内容选择与制作、自主学习情境创建，学生自主选择策略学习，课中独立探究、协作学习③"；胡建平则认为，翻转课堂实施需要"教师教学准备、学生自主学习、课堂测评、小组协作学习、成果展示与评价、课后教学评价④"，重点在于课堂活动。

在翻转课堂的设计实施方面，南师大的朱宏洁、朱赟将翻转课堂实施分为"课前的微课程设计、个性化学习与课中的小组协作、针对性指导、反馈评价⑤"五个阶段；董京峰对翻转课堂的实施进行了全面性的总结，"翻转课堂实施要素有：一是技术要素，主要为微视频，按需设计；二是流程要素，主要为'课前—课中—课后'的教学活动，设计一体化教学活动；三是环境要素，主要为带有智能诊断功能的学习分析系统，构建信息化学习环境，提供学习支持服务⑥"；顾睿睿在其论文中，基于建构主义、认知冲突理论对翻转课堂进行分析，提出建立以网络为基础的翻转课堂教学设计；祝智庭教授通过混合学习策略与生本主义思想，从宏观与微观视角分析教学过程的变化与课内活动的调整，提出"颠覆教学流程、转变师生角色、提升学习者思维品质⑦"翻转课堂三大要素。

借助于导学案，山东省杜郎口中学进行"三三六"模式的实践，即课堂自主学习三个特点：立体式、大容量、快节奏；自主学习三大模块：预习、展

① 田爱丽，吴志宏.翻转课堂的特征及其有效实施——以理科教学为例[J].中国教育学刊，2014（8）：29-33.

② 张其亮，王爱春.基于"翻转课堂"的新型混合式教学模式研究[J].现代教育技术，2014（4）：27-32.

③ 董黎明，焦宝聪.基于翻转课堂理念的教学应用模型研究[J].电化教育研究，2014（7）：108-120.

④ 胡建平.Canvas平台支持下的翻转课堂实践探究[J].中国远程教育，2014（9）：72-77.

⑤ 朱宏洁，朱赟.翻转课堂及其有效实施策略刍议[J].电化教育研究，2013（8）：79-83.

⑥ 董京峰.中小学翻转课堂教学的实施建议[J].教学与管理，2015（6）：76-78.

⑦ 祝智庭，管珏琪，邱慧娴.翻转课堂国内应用实践与反思[J].电化教育研究，2015（6）：66-72.

示、反馈；课堂展示六个环节：预习交流、明确目标、分组合作、展现提升、穿插巩固、达标测评。而在课堂教学中，采用"10+35"的课堂教学模式，教师只有 10 分钟时间讲授，将 35 分钟留给学生。杜郎口中学的操作程序是：预习交流—明确目标—分组合作—展示提升—穿插巩固—达标测评 ①。

综上所述，翻转课堂教学模式更多的是一种混合式的深度学习。笔者团队经过多年实践，发现每一种教学方式都有其优点和存在的价值。初中英语翻转课堂并没有统一的固定模式，它是发展中的、优化中的一种混合式的深度教与学方式。初中英语翻转课堂教学模式主要是借助各种资源，优化各种设计，实现课前翻转自学、课堂分层合作、课后探究反思的一种混合式的深度教学方式。

# 第一节　课前翻转自学

## 一、翻转课堂课前学习指导探秘

### 1. 巧挤时间，有效培训

要实现课前有效翻转，教师课前需要投入大量的时间和精力用于单元翻转课堂的设计、微课视频的录制、学习任务单的制作等。只有翻转资源准备充分，才能实现高效的翻转。这就需要教师巧妙地挤出时间。我们可以利用寒暑假的时间、开学前后的时间来制作翻转资料，也可以通过团队合作的方式共同开发翻转课堂资源，如一个科组、一个备课组、一个课题组成员之间分配任务，协作完成，还可以甄别借用前人整理好的优秀翻转课堂资源。

此外，我们还要挤出时间，指导学生观看视频（注意停顿等），怎样完成任务单，如何使用软件交流，怎样分组、怎样讲解、怎样抽测、怎样合作

---

① 屠锦红，李如密. "先学后教"教学模式：学理分析、价值透视及实践反思 [J]. 课程·教材·教法，2013（3）：24–29.

展示等。时间一长，习惯成自然，学生个个都会成为这方面的"行家"。

### 2.学法指导，有"迹"可寻

实现课前的成功翻转，教师还需做到对学生的学习方法的指导清晰明了，有章可循。这就要求教师所设计的学生课前学习任务单中的学习方法建议要具体明了，具有可操作性；对学生课前微课视频的示范要清晰明了，让学生既有纸质的学习指导依据，又有电子的视频示范帮助。

## 二、鼓励学生自学，对自己一生负责

激发学生内驱力，鼓励学生自主学习，让学生对自己的学习负责，这是教师一直孜孜以求的目标。教师应紧抓学生表现欲，设计一体教学活动，通过学生课前自学、课中合作展示、课后探究拓展，逐步激发学生自信，鼓励学生自学，让学生为自己的一生负责。

## 三、借助科技力量，实现翻转优化

现代科学技术力量强大，让课堂插上技术的翅膀，我们可以更好地实现课堂的翻转优化。

### 1.利用技术，实施课前调查

纸质问卷调查耗时费力，效率较低。我们可以利用问卷星、问卷网，制作网上调查问卷，发送二维码或问卷链接给学生让其填写；学生填写完毕，数据马上上传到平台进行统计分析，有利于我们第一时间掌握学生情况，实施精准教学。

### 2.利用技术，实施课前翻转会议

我们可以通过钉钉群、腾讯会议等平台或软件与学生进行实时视频会议，借助技术，即时交代任务，补充课前任务单的不足，实现学生会议的课前翻转。

## 四、寻求多方支持，共同翻转课堂

初中英语翻转课堂的顺利实施有赖于学校、家长、学生等方面的通力配合，有赖于大家的支持和认同。

### 1. 获得学校的支持

我们实施翻转课堂的研究活动得到了学校的大力支持，学校为课题组提供了专项经费并为课题的顺利开展聘请专家进行指导。

### 2. 寻求家长的配合

在施行翻转课堂之前，我们向家长解释了翻转课堂的作用、意义，每次会提前靠知家长学生课前学习任务以及课堂任务，在家用电脑、手机或电视的时间，让家长心中有数。实验表明，大部分家长还是非常支持这一变革的。

### 3. 赢得学生的认可

在翻转课堂中，教师借助技术手段，与时俱进，设置学生感兴趣的任务，让学生接触新生事物，深受学生的欢迎。当然也有个别学生不理解，我们会与这样的学生单独谈心，打开其心结。对于个别家庭特别贫困的，家中没有电脑或智能手机的学生，我们会让他们在学校利用学校电脑提前完成。

# 第二节　课堂分层合作

## 一、课前导入探秘

初中英语翻转课堂教学导入奥妙无穷，看似简简单单的短短数分钟的课前导入，却是课堂成败的先决条件。"好的开始是成功的一半"。巧妙导入直接决定学生跟着教师走，甚至可以洗涤学生心灵，激发学生深层思考。课堂导入如行军打仗中"一鼓作气"的第一击，起到三军夺志的作用。课堂导入在吸引学生注意力、激发学习兴趣、维持学习态度、建立新旧知识联系、陶冶美感、提供背景知识等方面作用很大。"保持积极的学习态度是英语学习成功的关键。"而课前导入则是初中英语翻转课堂成败的关键。"注意是一种心理特征，任何心理过程的发生和进行都与注意密切相关。"注意力直接决定学

生学习的效果。新颖的导入能抓住学生的注意力。笔者通过实践，摸索出以下课堂导入策略。

### （一）课前导入原则探秘

#### 1. 以生为主，全盘考虑

学生是课堂的主体。对教学活动的设计和开展，主要是根据学生的实际情况，全盘考虑，综合设计，科学开展，起到先声夺人的效果。

#### 2. 趣味"相投"，以情动人

教学活动要有趣，但教师首先要"知趣"，知道学生的兴趣爱好与关注点，使设计出来的趣味导入活动，适合学生的"品味"，做到与学生知情合一。此外，导入活动还应符合学生心智，力争做到触动学生心灵，以情动人。"教师可利用趣味导入法抓住学生的好奇心，把这种好奇也转化为浓厚的学习兴趣，使学生的思维活跃起来"[①]。

#### 3. 精简易懂，短小精悍

杨香玲教授指出："导入要做到简洁明快、短小精悍、言简意赅而不能拖泥带水、言不及义。有话则长，无话则短，三言两语，直截了当。[②]"课堂时间宝贵，导入部分不宜过长，一般不超过 3 或 5 分钟，以免喧宾夺主。

#### 4. 新颖多样，注重交际

初中学生好奇心强，教师应灵活设计导入方式，力争形式多样，维持学生好奇、专注、思辨的品质。此外，英语教学应回归语言本性，以发展学生交际能力为出发点和归宿。因此，我们在设计导入时应特别注意语言的交际功能，尽可能用英语设计、用英语思维、用英语教学。

#### 5. 方法科学，启发深刻

导入方法有很多，关键还在于教师要综合考虑学生的情况，采取灵活科学的导入方法。此外，启发要能引起学生的思考，能触动学生的心灵。

---

① 刘幸东. 师范生教学技能训练教程［M］. 东营：中国石油大学出版社，2008：127..
② 杨香玲. 英语教学技能应用指导［M］. 北京：光明日报出版社，2011：2.

（二）课堂导入的实践策略探秘

**1. 听歌识曲学定从**

歌曲具有很强的感染力，既可以活跃氛围，也可以让学生体验美的感受，还可以让学生尽早融入课堂教学中来。我们可以利用歌曲让学生通过听曲子来学定语从句等语法知识。如，在人教版英语九年级 Unit 9 *I like music that I can dance to* 一课的导入时，教师可以从 Guessing Game 的方式导入。Listen to the music and tell what the name of the music is. After that, ask the students what kind of music the teacher likes. 教师借助 PPT 中的《步步高》《大学问》歌曲以及每张 PPT 中的文字提示，引导学生说出：

I like music that has special meaning.

I like music that has great lyrics.

由此导入定语从句的学习。

**2. 听歌填词练听力**

听歌填词也可以被运用到语法教学当中来，让枯燥的语法教学变得生动有趣。如，在教授定语从句的导入部分时，教师可以让学生 Listen to the song and fill in the blanks。教师可以让学生听 *Yesterday Once More* 这首经典老歌（见表 6-1）。听完歌曲，让学生填写空格内所缺的关系代词 that，从而引导学生学习定语从句。

表 6-1

| |
|---|
| When I was young / I'd listen to the radio |
| Waiting for my favorite songs / When they played I'd sing along / It made me smile |
| Those were such happy times / And not so long ago / How I wondered where they'd gone / But they're back again / Just like a long-lost friend / All the songs I love so well |
| Every sha-la-la-la / Every wo-o-wo-o / Still shines / Every shing-a-ling-a-ling / That they're starting to sing / So fine |
| When they get to the part / Where he's breaking her heart / It can really make me cry / Just like before / It's yesterday once more |
| Looking back on how it was in years gone by / And the good times (that) I had / Makes today seem rather sad / So much has changed |
| It was songs of love____ (that) I'd sing to them / And I'd memorize each word |

续表

Those old melodies / Still sound so good to me / As they melt the years away

Every sha–la–la–la / Every wo–o–wo–o / Still shines / Every shing–a–ling–a–ling / That they're starting to sing / So fine

All my best memories / Come back clearly to me / Some can even make me cry / Just like before / It's yesterday once more

Every sha–la–la–la / Every Wo–o–wo–o / Still shines / Every shing–a–ling–a–ling / That they're starting to sing / So fine

Every sha–la–la–la / Every wo–o–wo–o

又如，在讲代词特别是人称代词的时候，教师可以让学生听 *My Heart Will Go On* 这首歌（见图 6–1），让学生填写里边的人称代词：my，I，you，your，us 等。

My Heart Will Go On

Every night in __my__ dreams
I __see__ you, I feel __you__
that is how I know you go on.
Far across the distance
and spaces between __us__
You have come to show you go on.
Near, far, wherever you are I believe
that the heart does go on
Once more, you opened the door
and you're here in __my__ heart,
and my heart will go on and on.

图 6–1

### 3. 视频导入引话题

课前导入视频，讲究精简高效，1—2 分钟的短视频最好。教师在课前可以引导学生观看视频，引入即将学习的话题。在学生观看视频之前，教师可以为学生设置几个问题，让学生带着问题观看，做到有的放矢。如，在教授初三"主谓一致"这一内容时，教师可以让学生欣赏《马达加斯加》的短视频，然后让学生根据视频当中的音乐填上动词的适当形式：

I <u>like</u> to move it，move it. She <u>likes</u> to move it，move it.

He <u>likes</u> to move it，move it. We <u>like</u> to move it，move it.

教师引导学生发现谓语随主语变化而变化的规律，从而引入主谓一致的学习。

又如，在复习天气话题时，教师可以让学生课前欣赏 *The Weather Report* 这首英文歌曲，从而直接引入天气话题的学习。

再如，在复习介词和环境话题结合时，教师可以在上课的时候播放关于日本地震的英文短视频，然后用介词挖空，让学生填写相应的介词。

The earthquake happened

<u>at</u> 13：46

<u>on</u> March 11<sup>th</sup>.

<u>in</u> 2011

<u>in</u> Japan

学生借助视频和图片能轻易地写出介词，这样既在语言运用中学会了知识，又达到了复习介词和有关环境名词的目的。

对于视频导入，教师可以单刀直入，直接设置问题，让学生带着问题观看视频。如：在教授 Unit 6 *When was it invented*? 一课中 Watch the video and answer the following questions:

（1）What was invented in the video?

    A. TV         B. telephone         C. computer

（2）Who was it invented by?

    A. Mike         B. Edison         C. Bell

（3）When was it invented?

    A. 1876         B. 1915         C. 1995

### 4. 头脑风暴测词汇

翻转课堂先学后教，学生课前自学效果如何，主要在于课堂的检测。

Brain storming 游戏可以检测学生词汇量等知识，还可以提升教学的趣味性和学生的团队竞争合作意识。如，在人教版英语七年级上册 Unit 7 *How much are these socks*? 的导入环节中，教师让学生采用小组合作竞争的方式，抢答说出 "What will I buy for my party?" 的服装单词。见图 6-2。

图 6-2

又如，在 Unit 9 *I like music that I can dance to* 一课的导入中，教师借助不同音乐家、不同乐器图片，让学生说出"What kind of music do you know？"

### 5. 字谜游戏考词汇

字谜在引入环节也"大有作为"。如教师可以在环境保护话题中与学生进行字谜游戏。详见图 6-3。

**A Puzzle Game :** Find the words about the environment between lines! **(pair work)**

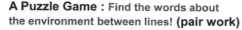

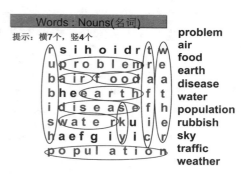

图 6-3

### 6. 巧设悬念导入

对于设置悬念导入，教师可以直接通过图片提问引发学生思考，也可以通过图片等采用 Guessing game 的方式来设置悬念进行课堂导入。如，在复习环保课时，我们设置了 Guessing game "What are they doing？"，通过图片，学生看到了在游泳池里人挤人几乎不能移动的画面，从而引出人口膨胀问题、环境污染问题，培养学生树立环境保护意识。

### 7. 图片导入引思考

图片可以引人思考，教师在阅读教学中可以直接导入图片。如，在教授 Unit 6 *When was it invented？* 一课中，教师可以在课件首页展示中国茶叶，直接问学生："What is it? Why is Chinese tea so popular? Please read the article and find out the answers."在介绍中国四大发明时，教师可以呈现四大发明的图片，引导学生填写以下文段：

Printing, gunpowder, paper-making and the compass are the four great inventions of the ancient China. They were invented by Chinese. They still play an important part in the modern world.

然后，教师话锋一转，引导学生思考："But they are only a small part of the world's many inventions. How to increase the quantity and quality of Chinese inventions?"

## 二、教师课堂分层合作翻转策略

### （一）组内分层，组间竞争

为了激励、帮助学生，我们根据学业成绩和行为表现把学生分成若干小组，每组一般为 5 人。在小组内进行分层，确保组内有 1 名优等生、1 名成绩较好学生、2 名中等生和 1 名学习成绩暂时较弱的学生。实行组内互相帮扶，捆绑评价，"一荣俱荣，一损俱损"，有利于增加组员的团体协作精神。同时为了激发学生潜力，我们在组间开展竞赛活动。为了体现公开原则，我们力争每个组的实力都不相上下。

### （二）实时评价，合作翻转

实时评价会及时对学生的语言学习行为进行反馈，激励学生向上向善。此外，评价可以分层进行，有助于关注学生的进步空间，对不同层次的学生都给予一定的奖励，让学生特别是中下层学生看到学习的希望和动力，这样更有利于推动翻转教学的全面有效实施。

### （三）借助技术，高效翻转

以技术为依托的翻转课堂能根据学生情况提供个性化的学习方案，可以是音频、视频、学习素材、测试内容等，实施精准教学，从而大大提高翻转效率。

## 第三节　课后探究反思

课后探究反思是实现有效翻转的重要一环。在实践当中，我们可以从以下几个方面实施课后探究反思。

### 一、有效布置作业

#### 1.分层布置翻转作业

学生的能力、基础、水平各不相同，千人一面的作业，只会使学生感到枯燥无味，也难以适合学生的个性化需求。我们在实施分层翻转教学时，根据学生的基础以及测试成绩，将小组内学生分成 A、B、C 三层。在作业设置时，我们也分成三个层次。如，在教授人教版英语八年级上册 Unit6 *I'm going to study computer science* 一课时，教师可以借助翼课网平台给学生布置如下基础性作业：

A 组：单词、短语网上听写作业 + 词汇短文填空作业

B 组：单词、短语网上听写作业

C 组：单词、短语网上跟读作业

学生在平台上做完作业后，教师可以通过终端查看学生的作业完成情况。又比如，在教学九年级环保课的 Speech Writing 时，布置如下作业：

环境污染问题严重影响了我们的健康和生活。实现"看得见山，望得见水，记得住乡愁"的宜居生活成为我们的共同愿景。请以"To Protect the Environment"为题写一篇演讲稿，并发表公众演说，呼吁大家保护环境。组内 1、2 号选择模板一写作（填充短语或简单句型），3、4 号选择模板二写作（无任何提示，学生自由发挥写作），5、6 号可以自由选择模板或完成 summary 短文填空（填 1 个词语）。内容包括：（1）环境现状及保护环境的意义；（2）列举保护环境的具体措施；（3）号召大家去保护环境。

### 2. 布置趣味作业

布鲁纳说："学习的最好刺激，乃是对所学材料的兴趣。"因此，作业素材或者说是作业本身的趣味性直接决定着学生的参与度。有趣的作业能维持学生持续的关注度，让学生在完成作业时获得愉悦感，也可以帮助学生提升自信力。如教师在教完人教版八年级下册 Unit 6 *An old man tried to move the mountains* 一课 Section A 3a 时可以布置英文舞台剧的作业：学生分角色扮演愚公、智叟、天神、愚公妻儿、子孙，可以给学生提供台词，也可以让学生自由写作英文台词，要求学生在第二天或下周某个时候在课堂上表演出来。在同一课的 Section B 当中，教师也可以让学生自主选择角色，分角色扮演《皇帝的新装》，角色和台词如下：

Narrator：Once upon a time，there was an emperor who loved clothes. He loved buying and looking at his beautiful clothes. One day，two cheats came to the city.

Emperor：Ask them to come here at once!

Cheats：My king!

Cheat A：We can make special clothes for you.

Cheat B：And only clever people can see them.

Emperor：Hmm，that sounds good! Start your work at once.

Cheats：Yes，my king! We need silk and gold to make them.

Emperor：No problem!

Narrator：And then the emperor gave the two cheats a lot of gold and silk. But they kept everything for themselves.They were trying to cheat the emperor.Two weeks later.

Cheat A：What about your opinion?

Minister：To tell the truth，they are the most beautiful clothes in the world.

Emperor：Yes，they are really nice! I am so excited that I want to walk through the city wearing my new clothes.

Minister：It's time for parade! Let's go!

Child：Look! The emperor is not wearing any clothes!

Narrator : The emperor was completely shocked when he heard the child's words. But he still kept walking through the parade.

教师可以提示学生准备道具、配乐，增加舞台剧的趣味性。此外，教师还可以通过智慧平台，给学生布置趣味配音作业，比如让学生给电影片段配音，然后在课堂上展示。

### 3. 布置动手实践类作业

语言只有在使用中才能更好地被掌握。在布置作业当中，教师可以鼓励学生用英语做事，并培养其动手实践的能力。如，在讲述 Unit 8 *How do you make a banana milk shake?* 一课时，教师可以要求学生拍摄制作自己最喜欢的食物的视频，并用英语介绍制作食物的步骤。又如，在教授 Unit 7 *How much are these socks?* 一课时，教师可以让学生利用所学知识登录网站制作英文小电影。此外，教师还可以让学生制作一周天气预报卡，并让学生上台讲述未来一周的天气情况。

### 4. 注重作业的互动性

教师可以利用班级微信群，及时在群里表扬作业完成好的学生。加强教师与家长、教师与学生的交流互动。这样可以进一步树立学生的自信心，也可以激励更多的学生认真对待作业。我们要特别注重学生之间的互动性，如，在布置演讲类作业时，可以让演讲者准备 3—5 个问题问一下听众，听众也可以就演讲内容对演讲者进行提问，以增强生生之间的互动。

### 5. 力求作业的多样性

英语有听、说、读、写、看等形式，因此，教师布置的作业既要有听的作业，又要有读、写等作业。教师可以布置听力模仿作业，也可以布置精读与泛读作业，还可以布置课件制作、海报制作、手抄报制作、调查实践和出考题作业等。

## 二、对翻转课堂的反思

对翻转课堂的反思不仅是教师对教学理念、教学目标、教学方式、教学过程、教学效果的反思，更应是学生的自我反思，以促进其更好成长。

为了给学生创设更多的反思、评价自我学习的机会，教师在课堂教学任务单和课后教学任务单中可以为学生设置自我反思评价，以促进学生更好地自主学习。

### 1. 课堂参与情况反思

帮助学生反思课堂参与展示情况，如是否参与小组讨论、是否参与小组展示、展示过程中协作程度是否存在不足、在自主探究等活动中是否主动地帮助他人、学习是否有持续热情等，可以有学生自评、同学互评和教师评价（见表 6-2、6-3）。

表 6-2　学生自我评价表

| 评价内容 | 优秀 | 良好 | 一般 | 较弱 | 很弱 |
|---|---|---|---|---|---|
| 能够完成课前任务单的学习 | | | | | |
| 能够及时记录自学中遇到的问题 | | | | | |
| 自学过程中遇到困难能够通过微信、百度等解决 | | | | | |
| 平等和同学、老师交流解决 | | | | | |
| 能够很顺利地完成课前自测卡 | | | | | |
| 能够积极参与课堂讨论 | | | | | |
| 能够与小组成员合作 | | | | | |
| 能够在讨论中积极阐述自己的观点 | | | | | |
| 能够认真倾听小组成员发言 | | | | | |
| 讨论结束后能够听取和采纳别人的意见 | | | | | |

表 6-3　组内成员互评表

| 评价内容 | 优秀 | 良好 | 一般 | 较弱 | 很弱 |
|---|---|---|---|---|---|
| 能够完成小组长分配的任务 | | | | | |
| 在讨论中，能够积极主动地发言 | | | | | |
| 能够认真倾听小组成员发言 | | | | | |
| 能够积极参与讨论结果的分享 | | | | | |
| 能够清晰陈述小组内所做的讨论 | | | | | |

### 2. 知识掌握情况反思

教师可以在任务单设计当中列出知识清单，让学生就掌握的情况打分自评。如，我们可以就一般将来时的掌握情况设计如下内容：

一般将来时的结构：

一般将来时的标志性词有：

请列举两个你所知道的一般将来时的句子：

### 3. 学生情况评价反思

课前互动、课中检查、课后反思评价环环相扣，每一环都直接决定着翻转的效果，而评价则贯穿翻转课堂的课前、课中、课后的全过程。为促进学生反思，教师还可以通过学生自我评价、组间评价、教师评价等方式实施进步监测。学习反思能够促进学生的成长。如，在课后作业检测中，教师可以设计如下内容：

> 今天的课堂，我学到了什么？
> 我这次预期的测试得分：
> 思考1：我最擅长的是什么？
> 思考2：我学习最大的障碍是什么？
> 思考3：我的目标是什么？
> 思考4：我打算怎样实现我的目标？

我们通过反思设计，可以帮助学生形成自主学习的能力。

# 第七章 初中英语翻转课堂听说教学探秘

## 第一节 翻转课堂听说教学模式构建

### 一、课前翻转自学

#### 1. 理念先行，整体设计

笔者把翻转课堂的概念界定为：教师借助现代技术指导，帮助学生利用教学视频或网络平台等在家中自学后，学生在课堂上展示、交流探讨的一种新型的"先学后教，以学定教"的教学方式。翻转课堂秉承"先学后教，以学定教"的理念，要求教师在教学中面向全体，关注差异，根据学生特点，做足工作，整体设计教学。笔者根据学情及课程标准进行教材分析、学情分析、文本分析、目标分析，再进行教学设计。做足分析，既要有宏观层面的分析，又要有微观层面的分析。学情分析方面，关心学生学会了多少，想知道什么；文本分析方面，课前做足词汇分析、听力文本分析等，也包含情感、态度、价值观等分析，然后，教师整合分析，深挖教材、整体设计，做好教前准备。如，笔者在教授 Unit 7 *How much are these socks*?（以下"本课例"均指这一课）这一课时，通过整体构思，综合设计学生学习情景，增加生生之间和师生之间相互交流的机会，通过视频学习、在线讨论等方式，提高学生的学习效率，引领学生掌握自学方法。

#### 2. 做足准备，开发成套教学资源

笔者在把握翻转课堂理念、分析教学内容、明确教学目标的基础上，搜

罗资料，整合开发好一系列配套资源，如制作微课课件，通过屏幕录像机等软件录制微课，制作学生课前自主学习任务单、课堂学习任务单、课堂教学课件，准备课后作业配套教学资源等。

**3. 指导自学，课前翻转**

笔者制作了课前自主学习任务单和微课视频，保证学生人手1份自主学习任务单。学生在课前自主学习任务单的指引下，观看微课视频，根据任务单的要求，完成相关任务，自主学习，实现课堂的翻转。

## 二、课中分层合作

**1. 厘清概念，做好分层**

本文所指的分层合作，是指在学生现有基础上，根据学生的个体差异，按照组内异质、组间同质的原则将学生分成若干小组，再根据组内学生的学业成绩、个性差异再分成若干层而实施的教学活动。通常的做法是把全班分成6—8组，每组成员4—6名，每组实力相当。每组的1、2号为学业中等生，3、4号为学业优等生，5、6号为学困生。组员3、4号坐在中间，便于小组的合作交流（见图7-1）。

| 1 号 | 桌子 | 桌子 | 2 号 |
|---|---|---|---|
| 3 号 | 桌子 | 桌子 | 4 号 |
| 5 号 | 桌子 | 桌子 | 6 号 |

图7-1　小组成员座位图

**2. 合作展示，树立自信**

课前要求学生观看微课视频，学生借助课前自主学习任务单，完成学习任务。课堂上采用全程积分竞赛的方式，努力营造组内合作、组间竞争的氛围。学生一方面在课堂上通过展示学习作品，如制作的海报、英文小电影、趣配音小视频等，获得成就感，树立自信；另一方面，通过组员的合作交流，学生大胆地说英语的同时也增强了团队意识。在本课例中，学生通过合作造句、一分钟的讨论与思考大大增强了自信心。笔者还指导学生登录网站，制作英语购物小电影，并在课堂上展示，培养了学生的动手实践能力（如图7-2所示）。此外，笔者还设计了讨论与思考环节，如：对"Who is the best seller?"组内进行讨论并思考，并在一分钟内说出理由。这样调动了学生的积极性，激发了学生的创新思维、批判思维。

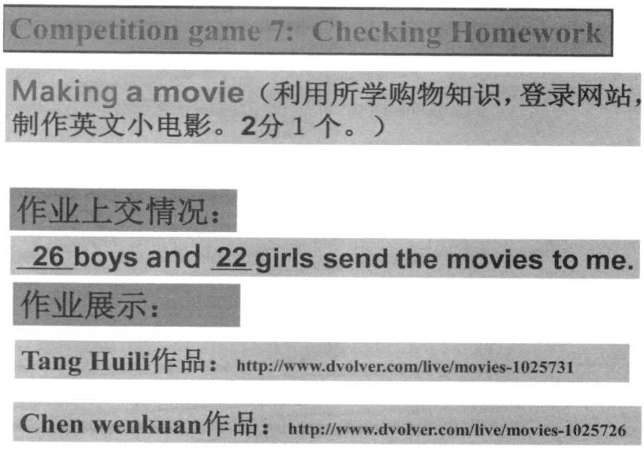

**Competition game 7: Checking Homework**

**Making a movie**（利用所学购物知识，登录网站，制作英文小电影。**2分1个。**）

作业上交情况：

__26_ boys and _22_ girls send the movies to me.

作业展示：

**Tang Huili**作品：http://www.dvolver.com/live/movies-1025731

**Chen wenkuan**作品：http://www.dvolver.com/live/movies-1025726

图7-2　学生作业情况展示

### 3. 注重方法，提升效率

（1）巧妙导入扣心弦。课前导入是引领学生后续学习至关重要的一个环节，导入的关键在于激发学生的学习兴趣，符合学生特点，满足学生需求。笔者在教授这一课时，运用 my birthday party, guessing game, brain storm 等方式引入。具体操作如下：通过展示自己的购物照片，激发学生的学习兴趣："Do you like going shopping? I like going shopping. And my birthday is coming. I am going to buy lots of things for my birthday party. Can you guess what I will buy for my birthday party?"通过猜一猜检测学生的微课学习效果，也为下一部分教学做好铺垫；同时，通过头脑风暴、竞猜游戏检测学生对于颜色、服饰词汇的掌握情况。（见图7-3）

图 7-3　Unit 7 *How much are these socks*? 导入

（2）由易到难促听说。由易到难，化繁为简，激励学生消除心理恐惧，大胆地参与练习和展示，从而促进学生听说能力的提升。在这一课的课堂教学中，笔者首先设计了相对简单的"Competition game: Making sentences"，让小组成员合力拼字成句，一方面培养学生的动手实践能力，另一方面增强学生的自信心和团队合作意识。笔者也设计了难度相对较大的"Competition game: Situation dialogue"，既训练学生的听说能力，又为"购物会话"做准备。笔者还设计了难度更大的"Competition game: Who is the best seller"，这一活动集"Discussing and thinking""One minute's talk for boys and girls""Voting time"于一身，训练学生综合运用语言的能力，培养学生的思维品质，同时也增强学生的团队意识（见图 7-4）。

| Competition Game5 (中考英语听说考试—Part D.) |
| --- |
| 角色：Tom, 售货员；Maria, 顾客 |
| 情景：Maria 在这家服装店花了60美元买了件红色的毛衣。 |
| 提示：你将扮演Maria的角色。 |
| Tom: Can I help you? |
| 考生：<u>Yes, please. I want a sweater.</u>. |
| Tom: OK. What color do you want? |
| 考生：<u>Red ./ I want a red one.</u>. |
| Tom: What about this one? |
| 考生：<u>How much is it?</u>? |
| Tom: It is $ 60. |
| 考生：<u>OK, I will take it.</u>. |

### Discuss and think讨论与思考

**Who is the best seller?** (谁是最好的销售员)

Discuss with your partners and think, then tell me as many reasons as you can in one minute. One point for one reason.

图 7-4　Unit 7 *How much are these socks*? 由易到难听说示例

（3）游戏检测促提升。开展游戏竞赛，融游戏与知识为一体，可以检测学生已学的知识，也可以鼓励学生大胆地参与听说活动。笔者在本课例中设置了多种游戏活动，如设置"guess game: what will I buy for my party?"，检测衣服和颜色单词的掌握情况；设置"Competition game: counting money"，检测学生基数词知识的掌握情况。笔者还设置了"Try your luck"游戏，并渗透众多知识点于游戏当中，如中英互译、购物会话、语法知识、中考题型训练等，让学生选择一个幸运号码，展开竞赛活动。

（4）拓展活动，滋润心灵。落实立德树人根本任务，应以德育为魂。这就要求教师在英语教学活动中注重德育的渗透，鼓舞、唤醒、触动学生的心灵，帮助学生树立正确的价值观、人生观和世界观。笔者在教授这一课的情感升华环节中，让学生思考金钱的意义与价值，并倡导正确的金钱观、人生观：取之有道，用之有度。这样不仅有助于学生追求幸福人生，而且有助于学生思考社会问题。

### （三）课后探究反思

#### 1. 课后探究，作业多样

课后探究，主要在于布置多样性的探究性作业，做到课前、课堂、课后三位一体。笔者在本课例中布置了如下探究性作业："Tell me what you think of the money and what you will do. Share it with me.""Visit my blog and preview the video of next class. In the next class, I will teach you how to make money by opening your own shop."，并将教师的常用联系方式告知学生，便于师生交流感受，以期产生情感共鸣；在下期微课内容预告中，又设置了悬念，吸引学生关注下一节微课学习，做到课前、课堂、课后三位一体。

学生作业的形式可以多样，既要有听的作业，也要有读写的作业，力争复习与预习相结合，笔头和口头相结合。根据学生的具体情况，水平较好的学生可以突破格式限制发挥创造力进行口头创作，水平较弱的学生可以在框架下进行听说练习。如在6人小组中，笔者利用翼课网智慧平台给组员5、6号布置跟读作业，3、4号布置听写作业，1、2号布置口头作文作业等。

#### 2. 实时评价，反思成长

基于翻转课堂与分层合作理念的听说教学的一大优势，就是借助技术的力量，利用实时数据分析，对学生进行实时评价。笔者利用翼课网、口语

100、一起作业等智慧平台布置听力及口语作业并进行实时评价。正如刘道义所要求的，评价要做到：肯定进步，体验成功，相互鼓励。实时鼓励性评价可以促进学生反思性成长。

表7-1　学生自主学习评价表

| 评价内容 | A 等（5分） | B 等（4分） | C 等（3分） | D 等（2分） | E 等（1分） |
|---|---|---|---|---|---|
| 1. 我能够按照自主学习任务单的要求观看微课或自学 | | | | | |
| 2. 我能够完成课前任务单的学习 | | | | | |
| 3. 我能够及时记录自学中遇到的问题 | | | | | |
| 4. 我可以掌握自主学习任务单中的听力难点 | | | | | |
| 5. 我可以掌握自主学习任务单中的单词和短语 | | | | | |
| 6. 我能使用自主学习任务单中的句型造句 | | | | | |
| 7. 自学过程中，我可以通过微信群、网络等解决问题 | | | | | |
| 8. 我可以按时完成预习内容 | | | | | |

姓名：　　　　　　总分：　　　　　　家长签字：
备注：满分为 40 分，35 分以上为优秀，30—35 分为良好，25—30 分为合格。

# 第二节　翻转课堂听说教学策略

## 一、做好翻转前准备，选择合适的听说材料

学生的自觉性、自律性直接决定学生的学习效果，教师除了做好学生的听前培训外，还应提前与父母交代学生使用网络学习的时间，做好共同监督，同步评价，共同进步。

### 1. 兵教兵，破解课前障碍

学生上课前一天通过微课、自主学习任务单在家自学，完成听说教学课前任务。第二天回校，利用早读或课间时间进行组间课前任务单预习情况的

互改检查。对于小组内组员出现的学习问题，如单词 earth，move，dig 等发音，可以通过组内的小老师教授纠正，实在解决不了的，再由教师帮助辅导。这样，就能扫清词汇等听说教学的障碍，充分做好课前准备。

**2. 选择合适的听说材料**

在听说材料的选择方面，教师应选择难度适中而又富有趣味或哲理的听说材料，也可以截取影视片段或歌曲，让学生模仿、复述，并在课堂上进行展示，增加听力教学的情趣性。教师还可以布置网上跟读文段等作业，利用翼课网等实时统计数据，及时表彰做得好的学生，并在家长群、班级课堂上把这些数据展示出来。

**3. 整合课本听说材料**

课本听力材料自有一套独立的体系，但我们应该根据学生的实际水平做出相应的调整。如人教版英语九年级 Unit 5 *What are the shirts made of*? Section A 2a 中的听力练习难度偏小，因此，我们将这一听力材料改编成了中考题型，详见图 7-5。

而人教版英语九年级 Unit 5 *What are the shirts made of*? Section A 2b 练习的难度又偏大，我们想办法把它改编成听写填空，降低难度，让学生更容易做，以增加学生的自信心（见图 7-6）。

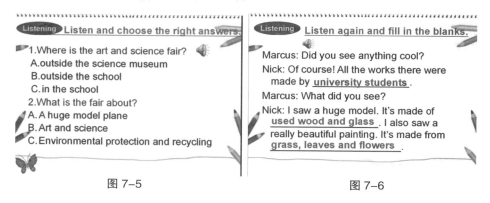

图 7-5                                                                      图 7-6

## 二、做好听前策略指导，加强翻转中监督

在进行听力训练之前，教师可以指导学生掌握预测、猜测、听关键词等

技巧。与此同时，教师还应指导学生做好词汇、短语、句型的复习，以利于更好地获取听力信息。

### 1. 实施小组竞赛

为最大限度地提高听力教学的实效，我们将小组竞赛贯穿于课堂教学的始终，实时公布分数，让学生一目了然。此外，我们还对学生小组讨论、讲解进行限时，要求各小组展示前做好主持、讲解、板书、抽测等分工。

### 2. 课中及时评价

对学生的课堂提问、发言、展示，教师应及时给予肯定性的评价，如"You did a good job, it is great."等，并对学生的表现进行现场加分，激励学生继续努力，保持学生学习英语的激情。在课堂中，教师可以实施同伴互评，通过小组成员的互评，各小组成员取长补短，互相学习。

表 7-2　小组互评表

| 类别 | 评价内容（满分5分） | 一组 | 二组 | 三组 | 四组 | 五组 | 六组 |
|---|---|---|---|---|---|---|---|
| 小组合作情况 | 组内合作有序，配合默契 | | | | | | |
| | 组员分工明确，成员积极参与 | | | | | | |
| | 组间关系融洽，互相帮助 | | | | | | |
| 小组展示情况 | 语音语调准确 | | | | | | |
| | 表达流畅、清晰 | | | | | | |
| | 展示形式创新 | | | | | | |
| 小组合计得分 | | | | | | | |

## 三、巩固翻转效果，做好翻转后的跟进工作

听力活动结束以后，需要一些输出活动来巩固听力效果。教师可以设置一些故事复述、模仿对话、情景剧表演、续写故事、改写故事等活动来巩固翻转课堂的教学效果。此外，做好学生课后学习任务单的完成跟进工作也相当重要。教师可以设置几个简单的问卷调查内容，如掌握相关生词和短语、掌握一些基本的英文表达、能够叙述课文故事、能够表达自己对故事的不同

结局和看法等。

课后作业这一块，教师可以设置语音作业、视频作业，可以直接发微信群、QQ 群，也可以通过班级作业管家、钉钉平台进行推送，还可以利用智慧教育平台，如翼课网、一起作业、口语 100 等平台，并借助平台实时评价、统计功能，快捷而又方便。学生评价出来后，教师应该即时把结果推送到家长群，也可以通过微信公众号推送。

### 1. 查漏补缺，重在迁移

学生通过课前自学、课堂检测，巩固已学知识。课后是查漏补缺、补足短板的最好机会。传统授课最大的弱点就是工厂化的统一模式，这难以满足学生的个性化需求。而翻转课堂通过网上测试、数据分析、课堂检测等可以直接发现学生的薄弱环节，然后有针对性地实施教学，如通过翼课网的学生错题库，给学生单独发送习题加以训练。教师也可以布置各种类型习题训练，让学生有选择性地学习。

### 2. 多元评价，全程激励

为促进学生学习的良性发展，教师可以让学生参与课前、课后评价，也可以让家长参与到课后活动中来，特别是在知识应用能力和培养学科学习兴趣等方面参与评价，还可以让学生、家长写上建议和意见。在评价内容方面，学生的自我评价可以具体细化，如就单词的发音、意义、用法、拼写进行评价，也可以对自己回答问题、同伴合作、帮助同学、微课的喜欢程度进行自我评价。学生还可以就翻转课堂中微课视频的语言逻辑、时长把握、交流互动，学习任务单任务、反思、作业的难易和数量进行评价并提出建议和思考。教师也可以就以上内容进行四级评价（分 A、B、C、D 四级）。在教学目标和内容方面，学生和教师可以就知识的呈现方式、知识的难易度、能力的习得、学习自信和成就感的获得以及学习兴趣与热情的提高进行四级评价。在教学过程与活动方面，学生和教师可以就课前、课中、课后的合作探究、巩固提升进行反思、评价。教师也可以对教学实施、教学效果进行反思。家长则可以在学习任务单上对学习能力、学习兴趣等方面提出建议。学

生、教师、家长全员参与评价，覆盖课前、课中、课后。评价的方式要力争简单、明了、易操作。翻转课堂的评价可以分为每日评价和每月评价，每日评价一般为小组评价和同伴互评，每月评价一般为网上无记名评价。网上评价内容详见表7-3。

表7-3　翻转课堂学生评价表

翻转课堂学生评价表

各位亲爱的同学：

　　为提高和改进我们的翻转课堂教学，现在请大家对我们的翻转课堂教学进行评价。本次评价为无记名评价，请大家大胆评价并多提宝贵建议。

　　您所在的班级：＿＿＿＿＿＿＿＿

　　您的性别：＿＿＿＿＿＿＿

1. 您觉得英语微课视频在语言逻辑、时长把握、交流互动方面做得怎么样？

A. 优秀　　　　B. 良好　　　　C. 合格　　　　D. 不合格

2. 您对英语微课视频制作还有什么建议？

＿＿＿＿＿＿＿＿＿＿＿＿＿＿＿＿＿＿＿＿＿＿＿＿＿＿＿＿＿＿＿＿＿

3. 您认为学习任务单中的学习方法、学习任务、学习反思方面怎么样？

A. 优秀　　　　B. 良好　　　　C. 合格　　　　D. 不合格

4. 您对英语学习任务单还有什么建议？

＿＿＿＿＿＿＿＿＿＿＿＿＿＿＿＿＿＿＿＿＿＿＿＿＿＿＿＿＿＿＿＿＿

5. 您认为英语翻转课堂作业的难易、数量等方面做得怎么样？

A. 优秀　　　　B. 良好　　　　C. 合格　　　　D. 不合格

6. 您对英语翻转课堂作业还有什么建议？

＿＿＿＿＿＿＿＿＿＿＿＿＿＿＿＿＿＿＿＿＿＿＿＿＿＿＿＿＿＿＿＿＿

7. 您觉得英语翻转课堂的课前自主学习做得怎么样？

A. 优秀　　　　B. 良好　　　　C. 合格　　　　D. 不合格

8. 您对英语翻转课堂的课前自主学习还有什么建议？

＿＿＿＿＿＿＿＿＿＿＿＿＿＿＿＿＿＿＿＿＿＿＿＿＿＿＿＿＿＿＿＿＿

9. 您觉得英语翻转课堂的课堂教学做得怎么样？

A. 优秀　　　　B. 良好　　　　C. 合格　　　　D. 不合格

10. 您对英语翻转课堂的课堂教学还有什么建议？

＿＿＿＿＿＿＿＿＿＿＿＿＿＿＿＿＿＿＿＿＿＿＿＿＿＿＿＿＿＿＿＿＿

11. 您觉得英语翻转课堂的课后探究、实践、巩固做得怎么样？

A. 优秀　　　　B. 良好　　　　C. 合格　　　　D. 不合格

12. 您对英语翻转课堂的课后探究、实践、巩固方面还有什么建议？

＿＿＿＿＿＿＿＿＿＿＿＿＿＿＿＿＿＿＿＿＿＿＿＿＿＿＿＿＿＿＿＿＿

13. 您觉得英语翻转课堂在您的学习自信心、学习兴趣方面做得怎么样？

A. 优秀　　　　B. 良好　　　　C. 合格　　　　D. 不合格

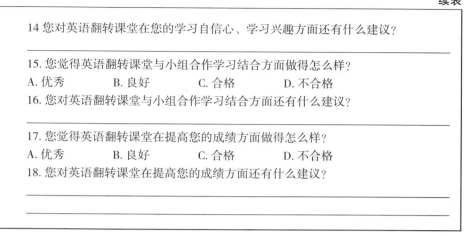

14 您对英语翻转课堂在您的学习自信心、学习兴趣方面还有什么建议?

_____

15. 您觉得英语翻转课堂与小组合作学习结合方面做得怎么样?

A. 优秀　　　　B. 良好　　　　C. 合格　　　　D. 不合格

16. 您对英语翻转课堂与小组合作学习结合方面还有什么建议?

_____

17. 您觉得英语翻转课堂在提高您的成绩方面做得怎么样?

A. 优秀　　　　B. 良好　　　　C. 合格　　　　D. 不合格

18. 您对英语翻转课堂在提高您的成绩方面还有什么建议?

_____

_____

# 第八章　初中英语翻转课堂语法教学探秘

## 第一节　翻转课堂语法教学模式构建

语法教学如何上得有趣、上得美，让学生乐学、爱学，是困扰我们多年的难题。翻转课堂借助现代技术力量，可以实现语法教学的情景性、趣味性、实践性、可视化、高效能。

### 一、课前自学反馈

#### 1.课前网上检测，主动纠错

语法知识较为枯燥，单凭教师课堂讲授，学生掌握得不太理想。我们可以在课前录制微课视频，制作课前自主学习任务单，让学生根据任务单的提示学习语法知识。对学生学习结果的监督和检测，我们可以通过智慧平台的测试进行。如，在教授定语从句一课时，我们要求学生在家观看微课视频并完成相关任务，在学生校对完答案并整理错题后，要求学生在家登录翼课网，完成网上定语从句相关测试。我们根据授课情况，给学生布置单项选择、首字母填空、完形填空、中译英等练习。学生在网上完成测试后，我们可以借助平台的实时统计分析功能，了解学生自学掌握情况，为更好地实施精准教学做准备。根据平台的学情分析，我们可以给学生推送错误较多的习题来做，以实现学生个性化的巩固性训练。

#### 2.课前任务单抽测，小组互考

纸质的课前任务单不受时空、设备等限制，是实现有效翻转的方式。学

生在家自学，完成自主学习任务单并校对答案。学生回校后，我们可以分设小组，对学生学习掌握的语法情况进行小组互考抽测。如全班共分8组，1组组长抽查2组组员，2组组长抽查3组组员，以此类推，组长的学习情况最后由科代表抽测。我们还可以进行入门测试，题目内容主要涉及语法条目、文法结构等，小组之间进行相互监督。

## 二、课堂回顾检测

课前自学反馈的主要目的在于学生的自我检测和内省；而语法知识的课堂回顾与检测的主要目的在于巩固知识，增强学生自信，激发和维持学生的学习动机。

### 1. 知识复现，增强记忆

根据艾宾浩斯记忆遗忘曲线规律，人的遗忘是先快后慢。如何把学生的瞬间记忆、短时记忆转化为长时记忆呢？我们采取的措施是语法知识的复现，以增强学生的记忆效果。我们的课堂回顾，更多的是第二天的语法知识的复现，以及第四天、一个星期和一个月的复现。其主要表现在第二天的课堂知识的复现、第四天的课堂提问、一周的小测、一个月的月考。如，在教授定语从句一课时，学生在家通过观看微课视频学习了定语从句的用法并完成相关的学习任务单，回到学校后，课前由各个组长对组员掌握的定语从句的知识进行抽查统计。上课的时候，教师在课堂上重现定语从句概念，借助PPT播放的动画效果，让学生通过例句推导出定语从句的相关概念。如下所示：

I like music that I can sing along with.

句中名词 music 是先行词，是被后面句子修饰的词。

句子 I can sing along with 修饰名词 music，作定语，称为定语从句。

代词 that 连接两个句子，我们把它叫作关系代词。

关系代词 that、which 的用法，我们也是让学生总结归纳出来的。而通过复现也实现了检测学生已学知识，增强学生的学习效果。如图8-1所示。

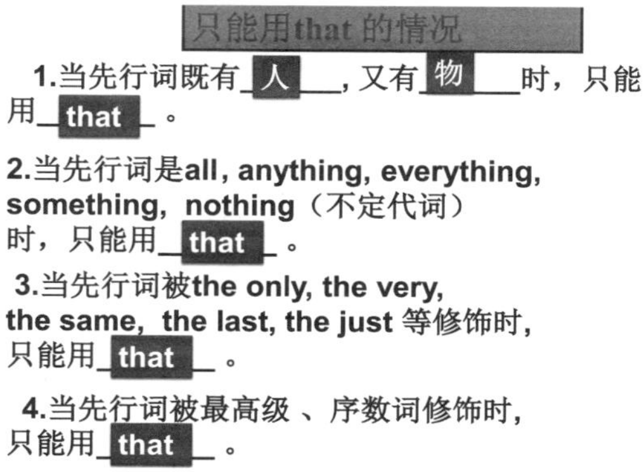

**只能用that 的情况**

1.当先行词既有 人 ，又有 物 时，只能用 that 。

2.当先行词是all, anything, everything, something, nothing（不定代词）时，只能用 that 。

3.当先行词被the only, the very, the same, the last, the just 等修饰时，只能用 that 。

4.当先行词被最高级 、序数词修饰时，只能用 that 。

图 8-1

**2. 课堂检测，查漏补缺**

课堂检测的目的在于帮助学生查漏补缺。课堂检测资料的设定宜少而精。如，在教授定语从句一课结束后，我们给学生设置了以下几道历年中考真题。

（    ） 1. The young lady _____ is interviewing Lin Zhixuan about the program I am a singer is from 21st Century Talent Net.（2013 年广东）

A. who          B. whom          C. which          D. whose

（    ） 2. When Robinson Crusoe got to the island，the first thing_____ he did was to look for some food.（2014 年广东）

A. who          B. that          C. which          D. whom

（    ） 3. Running man is a very relaxing TV program_____ is hot among the young people.（2015 年广东）

A. what          B. which          C. who          D. whom

（    ） 4. Great changes have taken place in our city in the past ten years. Everything _____ comes into sight is so new to me.（2016 年广东）

A. that          B. which          C. who          D. whom

（    ） 5.According to a survey，people _____ are able to speak two languages can manage two things at the same time more easily.（2017 年广东）

A. which          B.whom          C. whose          D. who

（　　）6.Not all children _____ watch this video will become a scientist, but some may become interested in science.（2019 年广东）

  A. whom    B.which    C. who    D. whose

  我们通过快速训练，及时了解学生掌握知识的情况，并在课后任务单中给学生设置了全国各地定语从句真题训练任务，帮助学生进一步巩固知识。

## 三、课内训练提升

### 1.编曲训练，提升记忆

  歌曲扣人心弦，能极大地调动学生的学习热情。语法规则枯燥乏味，若能把语法规则编成口诀或歌曲，更容易让学生记住。在教授定语从句用法时，我们让学生自编歌曲：

What kind of music,

What kind of music do you like?

Do you like?

I like music that is fun.

I like music that is fun.

That is fun. That is fun.

  我们先用中文歌曲《两只老虎》的调子，领着学生唱上述歌曲，帮助学生记忆关系代词 that 的用法；接着要求学生 work in a group and make up a song（以小组为单位，改编歌曲）：

What kind of singers,

What kind of singers do you like?

Do you like?

I like singers who _____.

I like singers who _____.

Who _____. Who _____.

上述歌曲旨在加深关系代词 who 的用法的学习。制作完毕后，让学生在课堂上大声唱出来。

### 2. 听说结合，提升自信

语言、语法的功能在于实现交际。语法教学与听说教学结合，能更有效地提升学习效率，提升学生自信，增益其所不能。如我们在教授定语从句一课时，让学生录制听力视频。听力内容如下：

Sam：Hi, Linda. Mr. Xie's birthday is coming. Can you come to his birthday party?

Linda：Sure, I would love to .

Sam：I am going to make a survey and help him make a plan for his big birthday party. Can I ask you some questions?

Linda：Sure, go ahead.

Sam：What kinds of music do you like?

Linda：I like music that has great lyric.

Sam：What kinds of musician do you like ?

Linda：I like musician who can write their own songs.

Sam：How about friends?

Linda：I like friends who are kind and friendly.

Sam：And movie?

Linda：For movies, I like movies that have funny stories.

Sam：And what kind of food do you like?

Linda：I like food that is tasty.

Sam：What about clothes?

Linda：I like clothes which are comfortable.

Sam：OK. Thank you very much!

Linda：You are welcome.

上课之时，我们在课堂上展示了学生自己录制的听力视频，并让学生做以下听力训练：

（1）Can Linda come to the party?

A.Yes，she can.　　　　B. No，she can't.　　　　C. We don't know.

（2）Linda likes music that ＿＿＿＿＿ .

A. sing along with　　　B. quiet　　　　C. has great lyric

（3）Linda likes movie that ＿＿＿＿＿ .

A. is educational　　　B. is funny　　　C. is exciting

（4）Linda likes friends who are ＿＿＿＿＿ .

A. smart　　　　B. humorous　　　C. kind and friendly

（5）Linda likes clothes which are ＿＿＿＿＿ .

A. expensive　　　B. colorful　　　C. comfortable

听力内容主要是围绕定语从句设置。录制听力视频的学生，看到自己的视频能在课堂上展示，受到极大的鼓舞，激发了自信心。这些听力内容较为简单，大部分学生都能做对，做对的学生也获得了成就感，大大激发了自信心。

## 四、课后总结反思

### 1.课后总结，拓展提升

课后总结，有助于学生巩固提升所学知识。教师可以设置回顾性、框架性的小结任务，这样会更有利于学生的记忆归纳。如，我们在定语从句一课中设置了以下总结任务。

（1）基本用法：

①句中先行词表示物时，后面关系代词用 ＿＿＿＿＿。

②句中先行词表示人时，后面关系代词用 ＿＿＿＿＿。

③定语从句的单复数由 ＿＿＿＿ 词的单复数决定。

（2）只能用 that 的情况：

①当先行词既有 ＿＿＿＿，又有 ＿＿＿＿ 时，只能用 ＿＿＿＿＿。

②当先行词是 all，anything，everything，something，nothing（指物的不定代词）时，只能用 _____。

③当先行词被 the only，the very，the same，the last，the just 等修饰时，只能用 _____。

④当先行词被最高级、序数词修饰时，只能用 _____。

（3）只能用 Who 的情况：

先行词是 someone，anyone，everyone，no one，somebody，anybody，everybody，nobody 等指人的不定代词时，只用 _____。

此外，我们还可以给学生布置课后任务单，拓展所学知识。

**2. 课后反思，逐步成长**

教师反思能够帮助自身成长，学生的课后反思也能促进学生不断成长。我们在任务单中，给学生设置"我的收获""我的疑惑"项目，帮助学生反思收获与不足，发现问题并敢于提出问题，最终帮助学生快速成长。

| 我的收获 | 我的疑惑 |
| --- | --- |
| 1. | |
| 2. | |
| 3. | |

每次周测或者是月考后，我们会让学生进行深度的反思并形成文稿。写得比较深刻的，我们还会在班上展示，帮助学生共同成长。


# 第二节  翻转课堂语法教学策略


在语法教学方面，我们进行了一系列的改革创新，提出了一些行之有效的方法。但正如程晓堂先生说的：英语课堂上的语法教学仍然存在一些突出问题，如教学情景创设不合理、语言素材不够真实、语法讲解过于僵化、练习过于强调句型转换，等等。为提高语法教学效果，我们借助现代教育信息技术，运用多种手段，全力打造高效语法翻转课堂。

## 一、同伴互教，学生讲解

### 1. 同伴互教，以兵教兵

教师一张老面孔，反复地讲一个语法专题，难以激发学生的热情。学生反复出错，教师再讲，学生再错，周而复始，一错再错。如考点代词 sanother，other，others，the other，the others 的区别，教师在考前讲过多次，学生却一再出错。教师讲授的效果，正如杜威所言"我听说了，然后又忘记了；我看到了，于是记住了；我动手做了，才明白其中的道理。"学习金字塔理论表明，教师讲授的效果是最低的，如图 8-2 所示，24 小时内平均保留记忆率只有 5%。而同学教同学并尽快地使用，学生掌握的效果最好。

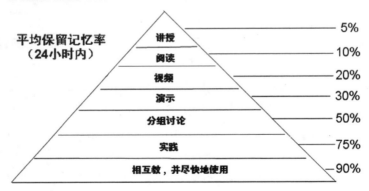

图 8-2

于是，我们对此进行了实验，把与出版社联合录制的《快捷英语·活页英语时文阅读理解》中关于 another，other，others，the other，the others 的区别的微课视频播放给学生看。考试结果表明，看了微课视频的同学，出错率远低于没有观看微课视频的同学。

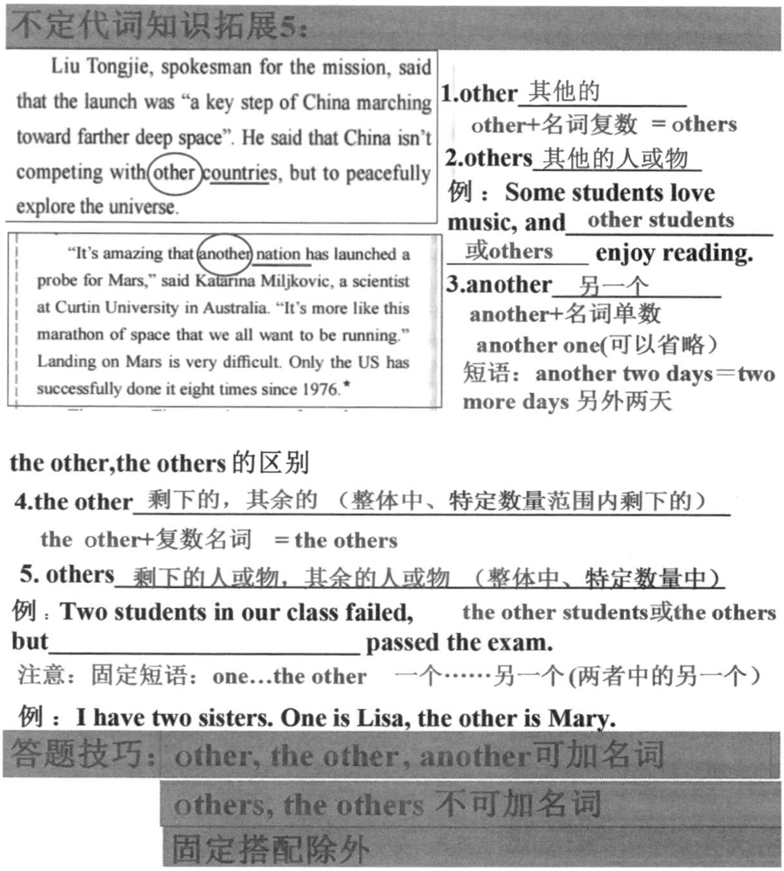

**不定代词知识拓展5：**

Liu Tongjie, spokesman for the mission, said that the launch was "a key step of China marching toward farther deep space". He said that China isn't competing with ⟨other⟩ countries, but to peacefully explore the universe.

**1.other** 其他的
  other+名词复数 ＝ others
**2.others** 其他的人或物
例：**Some students love music, and** other students
  或others **enjoy reading.**
**3.another** 另一个
  another+名词单数
  another one(可以省略)
  短语：**another two days ＝ two more days** 另外两天

"It's amazing that ⟨another⟩ nation has launched a probe for Mars," said Katarina Miljkovic, a scientist at Curtin University in Australia. "It's more like this marathon of space that we all want to be running." Landing on Mars is very difficult. Only the US has successfully done it eight times since 1976. ✱

**the other,the others 的区别**
**4.the other** 剩下的，其余的（整体中、特定数量范围内剩下的）
  the other+复数名词 ＝ the others
**5. others** 剩下的人或物，其余的人或物（整体中、特定数量中）
例：**Two students in our class failed,** the other students或the others
**but_____ passed the exam.**
注意：固定短语：**one...the other** 一个……另一个(两者中的另一个）
例：**I have two sisters. One is Lisa, the other is Mary.**

答题技巧：other, the other, another 可加名词
others, the others 不可加名词
固定搭配除外

图 8-3

后来，受学习金字塔等启发，笔者让学生上台讲解这几个代词的区别，然后让学生翻译句子，再让学生运用 another，other，others，the other，the others 造句。后期考试结果表明，对于这部分知识，凡是上台讲解教过同学的，测试中都没有出错。

同伴互教的方式有学生上台讲解、组内互教、组间互教等。学生教学生，以兵教兵，问题大部分由学生来讲解，千人千面，学生会有众多意想不到的解题思路和收获。

**2. 师生互动，生生互动**

同伴互教也好，学生讲解、教师答疑也罢，要注意师生之间、生生之间

的互动。讲解过程中要注意受众的感受，尽量做到幽默动人。

### 3. 少讲精练，先练后讲

语法讲解还应言简意赅，习题应精而优，尽量做到少讲多练，让学生有更多的动手、体验的机会；讲解也应更有针对性，尽量安排在学生做完练习以后。

## 二、创设活动，情境模拟

《普通高中英语课程标准（2017 年版）》明确指出：英语语法教学的目标是使学生在具体语境中准确、得体、恰当地运用所学语法知识来理解和表达意义。创设活动，模拟情境，让学生在语境下学习尤为重要。

### 1. 运用所学知识，进行调查报告

对于语法知识，只有实际运用，学生才能掌握得更扎实。实施小组合作，同伴互教，学生能更深一步地运用语言。如在教授定语从句一课时，笔者以"我的生日 Party"为主线贯穿全文，让学生在感受美、知道美、认定美的过程中学习并掌握定语从句关系代词的用法。在这堂课的产出部分，笔者创设"Survey and Report"任务，让学生调查组员的喜好，为老师的生日 Party 制订计划，为老师的生日 Party 场景音乐的选择、食品的选择、电影播放的选择、出席服饰的选择、邀请人员的选择提供建议，争取生日 Party 完美举办。具体调查内容如下：

A: What kind of music / musicians / movies do you like?

B: I like music / musicians/ movies...

|  |  | 1 | 2 | 3 | 4 | 5 |
|---|---|---|---|---|---|---|
| Music | that I can dance to |  |  |  |  |  |
|  | that has great lyric |  |  |  |  |  |
|  | that I can sing along with |  |  |  |  |  |
| Musician | who are outgoing |  |  |  |  |  |
|  | who play different kinds of music |  |  |  |  |  |
|  | who can write their own songs |  |  |  |  |  |

续表

| | | 1 | 2 | 3 | 4 | 5 |
|---|---|---|---|---|---|---|
| Friends | who are beautiful or handsome | | | | | |
| | who are good at schoolwork | | | | | |
| | who are kind and funny | | | | | |
| Movies | which are funny | | | | | |
| | which are serious | | | | | |
| | which give me something to think about | | | | | |
| Food | that is delicious | | | | | |
| | that is sweet | | | | | |
| | that is crispy | | | | | |
| Clothes | which are fashionable | | | | | |
| | which are comfortable | | | | | |
| | which are colorful | | | | | |

之后，笔者要求学生模拟情境，进行生日喜好的调查；紧接着要求学生根据调查内容，完成调查报告的写作。为了降低难度，笔者把调查报告改为短文填空的形式。调查报告如下：

### My Survey Report and Plan for the Party

It's _____ birthday party _____ Mr. Xie has had in his life. So, we need to prepare for the party carefully. So I ask _____ members in my group. And here is my plan according to my survey result.

First, I think the most important thing is to choose the right person to the birthday party, so every person _____ is invited to our party will receive an invitation card _____ is made by ourselves. Parents and teachers are the most important persons in Mr. Xie's life. So, first we should invite Mr. Xie's parents and teachers who know Mr. Xie well. For musician, most of us like musicians who are _____. And _____ is the right person. As for friends, _____ us like friends who are friendly. So I advise Mr. Xie to invite friends who are _____. As for scientist, Tu Youyou is the scientist _____ Mr. Xie likes best. I hope she can come and give us a speech at the end of the party.

Next, I need to choose some music, movies, food, clothes and drinks for the party. As for music, _____ of us like music _____. So I suggest _____ for background

music. For movies, most of us like movies that ____. So I suggest we play ____ at the party. For food, most of us like food that ____. So I advise providing some ____ for the party. As for drinks, most of us like Chinese green tea. For clothes, different people have different ideas. So I advise we should be allowed to choose our own clothes.

Third, we should choose a place where can hold 300 people. And it is the only thing ____ we are still not sure now.

As Mr. Xie's students, I hope all of us can come to the party and give some performance at the party. This is my survey report and plan. I believe it will be a wonderful party!

这样做，既锻炼了学生的口语表达能力，又训练了定语从句关系代词的用法，同时培养了学生的综合实践能力。

**2. 运用所学知识，进行竞猜游戏**

情境的创设要贴近生活，运用所学知识进行竞猜游戏也要贴近学生生活，且为学生乐于接受。《你好，李焕英》是 2021 年特别火的一部电影。我们结合学生所学的定语从句知识，让学生尝试用关系代词 that 或 who 说说对电影主人公贾晓玲的看法。

Jia Xiaoling is a girl_____

is smart /has a round face/is lovely and funny

can get along well with anybody/loves her mother so much

紧接着，我们让学生运用所学的定语从句说说自己最喜欢的剧中角色：

My favorite actor is XXX, he / she is_____

handsome, beautiful, lovely, outgoing, active, funny, humorous（幽默的），warm-hearted, loving, helpful...

最后，我们进行了一项 group work，让学生组内分工，用三到五句话描述班上同学或者某位老师，必须至少使用一个定语从句，越多越好！但不能出现姓名，让其他同学猜一猜是哪位大家所熟知的人物。

### 三、文法并举，注重产出

语法是英文阅读和写作的基础，在翻转课堂教学过程中注重文章结构和语法知识的渗透，能有效提高语法教学的效率。

**1. 在语篇中渗透语法教学**

阅读是促进语言学习的一种很好的方法，将语法教学融入语篇阅读中会收到事半功倍的效果。

（1）阅读语篇，寻找语法知识

教师在教授语法知识时可以让学生阅读文段，并在文章中找出相应的语法知识。如在教授被动语态时，教师可以要求学生在以下文段中找出含有被动语态的句子：

Cathy's favorite gift is a stuffed toy. Cathy's cousin bought it for her at her thirteenth birthday. It is colorful. It looks like three mushrooms. It is used for decorating. It is made of cotton. It was made in Korea. Cathy likes it so much, because it is a symbol of her cousin's love.

又如，在教授情态动词时，教师可以要求学生阅读以下文段，找出其中所含的情态动词。

Dear Li Lei,

I know that it is not easy to learn English well. You said you couldn't understand when the teacher talked to you（what the teacher said）. You are afraid to speak English in front of classmates. You often make mistakes in grammar. Don't worry. Maybe my ideas may help you.

First, you should listen to tapes and English radios as often as possible. Because doing lots of listening practice is one of the secrets of becoming a good language learner. Second, why don't you join an English club? It can improve your speaking skills. Third, you should take lots of grammar notes in class, and make your own sentences. Finally, if I were you, I would ask the teacher for help. I hope that can help you to improve.

I am sure you will be better at English.

Yours,

Li Ming

（2）阅读语篇，归纳语法知识

教师可以通过阅读语篇查找知识，对知识进行归纳和梳理。如在教授一般过去时时，教师可以要求学生阅读以下文段，找出下列动词的过去式：

call–_____          realize–_____          discover–_____

learn–_____          want–_____          look–_____

improve–_____          do–_____          is–_____

speak–_____          hide–_____          fall–_____

begin–_____          can–_____          say–_____

### How I Learned to Learn English

Last year, I did not like my English class. Every class was like a bad dream. The teacher spoke so quickly that I did not understand her most of the time. I was afraid to ask questions because of my poor pronunciation. I just hid behind my textbook and never said anything.

Then one day I watched an English movie called *Toy Story*. I fell in love with this exciting and funny movie! So I began to watch other English movies, too. Although I could not understand everything the characters said, their body language and the expressions on their faces came to get the meaning. I also realized I could get the meaning by listening for just the key words. My pronunciation improved as well by listening to the conversations in English movies. I discovered that listening to something interesting is the secret to language learning. I also learned useful sentences like "it's a piece of cake" or "it serves you right". I did not understand these sentences at first. But because I wanted to understand the story, I looked them up in a dictionary.

Now I really enjoy my English class. I want to learn new words and more grammar so that I can have a better understanding of English movies.（文段源于网络）

在学生找出动词的过去式后，教师要求学生归纳动词原形变过去式的规律：

| | | |
|---|---|---|
| call—called | realize—realized | discover—discovered |
| learn—learned | want—wanted | look—looked |

归纳梳理 1：一般情况下，动词原形变过去式直接加_____。

improve—improved

归纳梳理 2：末尾以不发音的 e 结尾时，只在后面加_____。

| | | |
|---|---|---|
| do—did | is—was | speak—spoke |
| hide—hid | fall—fell | begin—began |
| can—could | say—said | |

归纳梳理 3：不规则的动词过去式要记住。

归纳梳理后，教师可以给学生布置归纳作业：搜索资料查找规则动词原形变过去式加 ed 的其他情况并归纳出来；搜索并整理不规则动词变过去式的一些规律，整理好后第二天回校分享。

**2. 在文段中训练语法知识**

语法知识终究要用于口语表达、阅读或者写作中。语法知识只有在使用中才能体现它的价值，也只有在使用中才能让学生掌握得更好。对于语法知识，教师可以将其放在文段中进行训练。如，教师可以设置以下文段，让学生运用已学的关系代词填空。

I am very thankful for my life. Because there are so many things _____ I love in this world.

I love my mom _____ cares for me. I love my dad _____ works hard for the happiness of my family.

I love my students _____cares about me. I like the sky _____ is full of sunshine. I like the moon _____ is able to smile. And I live in the world _____ is full of love.

### 3.在写作中渗透语法教学

学生将语法知识应用在写作教学中，可以构建写作文法框架结构，从而更好地掌握语法知识。如，在写作家乡的变化时，教师可以把"used to do sth"的结构渗透其中。以"我的家乡珠海的变化"为例，让学生观看珠海这座城市的变化图，并用"used to"用"didn't use to"造句。

教师可以采用半开放的结构，让学生完成句子：（be / small fishing village）_____. Now, it is a modern city. 之后，逐步引导学生运用 used to 或 didn't use to 的框架，写出如下几个句子：

Zhuhai used to be a small fishing village. And now, it is a modern city. Many years ago, people in Zhuhai used to eat at home, and now more and more people enjoy their meals in restaurants. People in Zhuhai used to pay in cash, and now they use mobile payments.

## 四、浅处挖掘，深度学习

### 1.化繁为简，逐步深入

语法知识纷繁复杂，如何在复杂的语法条文中解脱出来，最简单的办法是从简单的地方出发，从最浅处入手挖掘，然后再逐步深入。如学生对于从句、定语从句知之甚少，因此在上课初始，教师以学生熟知的级歌《大学问》导入，引出"I like music that I can sing along with."，从而进一步引导学生指出：句中名词 music 是先行词，是被后面句子修饰的词；"I can sing along with"修饰名词作定语，称为定语从句；代词 that 连接两个句子，叫作关系代词。紧接着，教师从最简单的判断哪个是关系代词、哪个部分是定语从句开始，让学生在句子中感受定语从句。

I like music that I can dance to.

I like the song which isn't too loud.

I prefer apples which are red.

I like the teacher who is beautiful.

I like the student that is clever.

I love friends who are friendly.

I like the scientist who is outstanding.

I like the writer that is creative.

列出句子后，教师再让学生指出句中哪个是关系代词，哪个是定语从句；然后，再进一步深入，让学生判断其在句子中的成分。

This is the person whom/who/that you are looking for.

The man who/that is wearing a hat is my teacher.

The boy whose parents died two years ago lives with his grandpa now.

### 2. 拓展提升，注重产出

语法教学要遵循由易到难、由浅入深、逐步拓展提升的原则。如，在教授定语从句时，在学生把握定语从句、理解定语从句句子成分的基础上，教师让学生逐步感受先行词的用法。如：I like the singer who can write his own music=I like the singer that can write his own music，让学生在感受句子的基础上自己总结出关系代词 who 和 that 的用法。此外，让学生欣赏 *Best Artist Of the Year*，感受句子：

I prefer a musician who ⎰ is cool.
　　　　　　　　　　⎱ sings well.
　　　　　　　　　　⎱ writes songs

I prefer musicians who ⎰ are popular.
　　　　　　　　　　 ⎱ make films.
　　　　　　　　　　 ⎱ sing special.

教师引导学生自己推导出：定语从句的单复数由先行词的单复数决定。在此基础上，教师再进行针对性的训练，及时巩固学习成果。在学生掌握关系代词 that，which，who 的基本用法的基础上，教师再适度地拓展只能用 that 不能用 which 的情况。

语法教学的产出形式，既可以是口头的产出，也可以是写作的产出，还

可以是听力的产出。如，在教授定语从句时，笔者设计了听力的产出，将语法项目融于听力素材之中；还设计了调查报告，而调查报告的形式则是含有定语从句的短文填空。这样既拓展了学生知识，又起到了很好的输出效果。

## 五、活用教材，优化资源

教材涉及的纯粹性语法知识较少，更多存在于听力材料、对话文本、阅读文本材料中。因此，我们要做的是发现教材中的隐性语法元素，重新整合教材、活用教材，更好地开展语法教学。

### 1. 整合教材听力材料，提取语法元素

就听力材料而言，课本中的听力设计，有的较为简单，有的较为复杂，不是所有的材料都适合学生的实际。因此，教师可以把课本的听力材料进行整合，实现资源的优化配置。如人教版英语九年级 Unit 9 *I like music that I can dance to* 一课中主要涉及定语从句的知识，其中 Section A 1b 的听力材料比较简单，教师可以结合定语从句的语言知识以及中考题型，把它设计为听对话补充下列句子：

I like music _____ I can dance to.

I prefer music _____ has great lyrics.

I like music _____ I can sing along with.

在学生做完后，教师可以问句子中的 that 是什么词，这些句子都是什么从句，同时教学生听力当中的预测策略。

### 2. 提取教材对话文本的语法元素

教材中的对话文本往往是围绕单元语法功能设计的，因此提取教材对话当中的语法元素也是翻转课堂语法教学的一大优势。以 Unit 9 *I like music that I can dance to* 一课为例，在该单元 Section A 2d Role-play the conversation 中，教师要求学生找出其中含有定语从句的句子：

I like smooth music that helps me relax after a long week at work.

I only like movies that are funny.

I prefer movies that give me something to think about.

In that case, I'll ask someone who likes serious movies.

### 3. 发现教材阅读文本的语法元素

教材当中的阅读文段也往往围绕语法知识设计，教师同样可以在阅读文本中提取语法元素，巩固语法知识。如，在 Unit 9 *I like music that I can dance to* Section A 3a 的文段中，教师可以要求学生阅读文段并找出含有定语从句的句子：

（1）当我情绪低落或疲倦的时候，我更喜欢能让我振作起来的电影。

When I'm down or tired, I prefer movies that can cheer me up.

（2）偶尔，我喜欢看恐怖电影。

Once in a while, I like to watch movies that are scary.

（3）我可以关闭我的大脑，坐下来观看一个总是及时拯救世界的激动人心的超级英雄电影。

I can just shut off my brain, sit back and enjoy watching an exciting superhero who always saves the world just in time.

## 六、注重情趣，色香俱佳

语法教学就像是在烹饪一道美味，加点佐料，就会色香味俱佳。要实现这一点主要在于激发学生兴趣，引起学生感情共鸣。

### 1. 抓住学生的关注点

激发学生的兴趣，增加语法教学的趣味性，关键在于抓住学生的关注点，实施精准教学。

（1）实施网络问卷调查，了解学生的兴趣点

问卷调查是迅速了解学生的兴趣点的好方法。如，在教授 Unit 9 *I like music that I can dance to* 一课的定语从句时，为使语法教学更加有趣，抓住学生的关注点，我们利用问卷星或问卷网，设置如下几个问题：

What is your favorite music? Why do you like it?

Who is your favorite singer? Why?

学生通过扫描二维码，在网上完成问卷调查。我们在课堂导入环节采用听音乐猜歌曲名的游戏，利用音乐牢牢抓住学生的兴趣点，并进行相关的定语从句的教学。

（2）实施单独访谈，了解学生的关注点

一对一的单独访谈能够让教师深入了解学生的情况，更好地把握学生共同关注的问题。如，笔者通过访谈了解到，女生大都想成为 Cinderella 或 Snow White。因此，在进行 used to 的语法教学中，笔者借助图片，让学生利用 used to 描述 Cinderella 未与王子结婚前的生活：Cinderella used to work hard. 在进行一定的机械练习后，笔者让学生做了如下拓展性训练：

Before Cinderella met Prince Charming, she ＿＿＿＿＿＿＿＿（be）poor. She ＿＿＿＿＿＿＿＿（not / get）up late because she had to do the housework. She ＿＿＿＿＿＿＿＿（do）the laundry often. Moreover，she ＿＿＿＿＿＿＿＿（live）with her two stepsister in a small house. However，her life changed after she got married with Prince Charming.

### 2. 激发学生情感

语法教学也要注意情感教育的渗透，在翻转课堂中更多的是贯穿课堂教学始终的渗透。

（1）感恩教育。翻转课堂的语法教学可以渗入感恩教育。如，在定语从句的 feedback 部分，用感恩的一段话结尾，既复习了定语从句，又很好地进行了感恩教育。

（2）礼仪教育。礼仪教育更多地体现在听说教学或阅读教学方面，让学生感受中外文化的异同，增强学生的民族自信。如，在定语从句的教学中，以聚会为主线，让学生感受不同国家的聚会礼仪，开拓学生视野。

（3）励志教育。翻转课堂语法教学中的励志教育既可以通过在课前播放励志视频、课中励志激励、课后励志小结等来实现，也可以贯穿语法教学的始终。如，在进行人教版英语八年级上册 Unit 3 *I am more outgoing than my sister* 的比较级语法教学中，笔者让学生通过不同人物外貌、性格的对比，在感受美的情况下，掌握比较级的基本知识。在教学的后半部分，笔者介绍了无手无脚、心忧天下的 Nick 通过不断地学习，与正常人一样考取大学，娶妻生子，而且还进行全球巡讲的事迹，激励学生积极进取。

# 第三节　翻转课堂语法教学实践

## 一、语法微课教学设计示例

语法微课视频要在短短的 10 分钟之内做到既高效又具有趣味性，的确需要教师精心设计。现把定语从句的微课设计与大家分享如下。

| 课例名称 | The Attributive Clause 微课教学设计 |
|---|---|
| 课例完成人 | 谢展辉 |
| 完成人所在单位 | 珠海中山大学附属中学 |
| 一、在线教学目标 | |

1.Knowledge goal（知识目标）：

（1）Learn and master words and phrases about music.

（2）Master the usage of Attributive Clause.

2.Ability goal（能力目标）：

（1）Improve listening and speaking ability.

（2）Use the knowledge freely.

3.Emotion goal（情感态度目标）：

（1）Know the beautiful of music.

（2）Teach the students to be thankful.

二、学情分析

Students Analysis（学情分析）：

此次授课面对的学生的英语表达能力相对较弱，部分学生胆子较小，不敢表达或羞于表达。但经过前期的学习，完成课前相关自学任务单，学生已具备一定的基础。因此，我们结合实际情况，运用信息技术，制作微课教学视频，力图调动学生的积极性。

续表

| 三、教学重难点 |
| --- |
| Teaching importance and difficulty（教学重难点）:<br>Master the usage of Attributive Clause.<br>Inspire the students to know more about party's manners.<br>Teach the students to be thankful |

<table>
<tr><td colspan="6">四、教学思路</td></tr>
<tr><td colspan="6">Teaching idea（教学思路）:<br>　　本课秉承"先学后教，以学定教""探究、合作、互助"的理念，以新课程标准为依据，整体设计教学，采取化繁为简的措施，逐步落实课堂教学。本单元教学以"我的生日Party"为主线贯穿全文，寓教于乐，让学生在感受美、知道美、认定美的过程中学习定语从句、关系代词等用法，完成相关的教学任务。本微课教学正是围绕这一主题，结合定语从句而展开设计的。</td></tr>
</table>

| 五、在线教学策略 |
| --- |
| 1. 在线翻转课堂<br>2. 探究式学习<br>3. 自主学习 |

六、在线教学过程

| 教学总时长 | | 45 mins | | | |
| --- | --- | --- | --- | --- | --- |
| 教学步骤 | 教师教学行为 | 学生学习行为 | 实时性 | 使用工具 | 时长（min） |
| Step 1　Guessing game<br>　1. Listen and tell us, what is the name of the music? (*Da Xue Wen*)<br>　2. Listen and tell us, what is the name of the music? (*Bu Bu Gao*)<br>　3. Who is he? (Jay Chou) | 推导出定语从句相关概念界定；<br>推导出先行词是物的关系代词用法；<br>推导出先行词是人的关系代词用法 | 观看微课视频，完成课前自主学习任务单 | 非实时，学生可以按暂停键，反复观看 | 钉钉 | 3 |
| Step 2　Exercise 1<br>　What kind of scientist do I like?I like the scientist_____ is outstanding. | 巩固先行词是人的用法。 | 独立思考，完成自主学习任务单 | 非实时性，学生可以按暂停键反复观看 | 钉钉 | 5~8 |
| Step 3　Best artist of year<br>What kind of musicians do you prefer? | 推导出定语从句的单复数情况 | 实时观看，投票选出best artist of year | 实时 | 问卷星 | 8~10 |

续表

| 教学步骤 | 教师教学行为 | 学生学习行为 | 实时性 | 使用工具 | 时长（min） |
|---|---|---|---|---|---|
| Step 4　Exploration and training | 拓展关系代词的用法，鼓励学生灵活运用语言 | 参与探究拓展训练，扩展知识面 | 实时 | 钉钉 | 5~8 |
| Step 5　Challenges 广东中考试题大挑战 | 与中考对接，提高学生学业成绩 | 参与中考相关训练 | 非实时，学生可以按暂停键答题 | 钉钉 | 5~8 |
| Step 6　Summary and feedback | 巩固已学知识，检测已学知识，教导学生学会感恩 | 小结与反馈，反思所学知识 | 实时 | 钉钉 | 3~5 |
| Step 7　Homework　Finish the exercise of the workbook and try to think about what you can do for my birthday party | 布置作业，为课堂教学做好铺垫 | 完成课堂任务单，为后续上课做准备 | 实时 | 钉钉 | 2 |
| 七、总体评价 | | | | | |
| 请简要概括本案例的在线教学特色 | 本课秉承"先学后教，以学定教""探究、合作、互助"的理念，以新课程标准为依据，整体设计教学，采取化繁为简的措施，逐步落实课堂教学。本单元教学以"我的生日 Party"为主线贯穿全文，寓教于乐，让学生在感受美、知道美、认定美的过程中学习定语从句、关系代词等用法，完成相关的教学任务。本课教学正是围绕这一主题，结合定语从句而展开设计的 | | | | |
| 请从实施结果的角度，简要说明本案例与面对面教学相比的优点 | 本案例实施线上教学，可以利用问卷星、钉钉、翼课网等智慧平台的强大的数据统计分析功能，实时掌握学生的学习情况，调整教学进度，改进教学方法；学生也可通过观看微课视频，完成自主学习任务单，自主调节学习节奏，从而实现学生与教师全天候的交流互动 | | | | |
| 请从实施结果的角度，简要说明本案例与面对面教学相比的缺点 | 与线下教学相比，线上教学缺乏师生面对面的沟通，也可能因为家长监督的缺位，学生容易受到网络其他因素的影响，从而分散学习注意力 | | | | |

续表

| 教学反思 | 这节课是一节中考英语语法复习专题课。定语从句是初中阶段最重要的语法项目之一。对于这一专题课程，本人紧紧围绕课程标准，根据学生掌握的实际情况，依据"先学后教，以学定教"的翻转课堂教学理念和"探究、互助、合作"的分层合作理念，进行课堂教学设计。本课以"我的生日 Party"为主线贯穿全文，寓教于乐，让学生在感受美、知道美、认定美的过程中学习定语从句、关系代词等用法，完成相关的教学任务。这节课，学生反应积极，课堂合作展示参与度高，检测成效较好 |
|---|---|
| 请您为本节课或本单元进行打分。(1—10 分，10 分为最佳) | 8.8 分 |

## 二、语法课堂教学设计示例

语法课堂教学是检测学生在家自学效果、巩固提升的关键。现把语法课堂教学设计实例与大家分享如下。

### Unit 9 *I like music that I can dance to* 教学设计

By Xie Zhanhui

I. Teaching goals（教学目标）

1.Knowledge goal（知识目标）：

（1）Learn and master words and phrases about music.

（2）Master the usage of Attributive Clause.

2.Ability goal（能力目标）：

（1）Improve listening and speaking ability.

（2）Know party manners of different countries for further study.

（3）Know nothing is impossible if you try your best.

3.Emotion goal（情感态度目标)：

（1）Know what is beauty and how to judge beauty.

（2）Know party manners of different countries.

II .Students Analysis（学情分析）

此次授课面对的学生的英语表达能力相对较弱，部分学生胆子较小，不敢表达，羞于表达。但经过前期的微课学习，完成相关自主学习任务单，学生已具备一定的基础。因此，我们结合实际情况，运用信息技术活跃课堂氛围，调动学生的积极性。

III. Teaching importance and difficulty（教学重难点）

Master the usage of Attributive Clause.

Know what is beauty and how to judge beauty.

IV. Teaching idea（教学思路）

本课以"我的生日 Party"为主线贯穿全文，寓教于乐，让学生在感受美、知道美、认定美的过程中学习定语从句、关系代词等用法，完成相关的教学任务。

V. Teaching ladder（教学步骤）

Step 1 Warm up

My birthday is coming. I have never had a birthday party for 40 years. So I will have a big great party. I will invite lots of friends to my party. Can you help me to make a plan for my party? I need you to help to choose background music, food and so on. First, what kinds of music do you know?

Step 2 Lead in

1. Brain storming: types of music

2. Guessing game:

What is the name of the music? What kinds of music does Mr. Xie like?

Step 3 Presentation

What kinds of music / musicians / movies...

Step 4 Pair work

Ask students to make a similar conversation.

## Step 5 Grammar focus and exercise

Predict the grammar rules after some practice and samples.

## Step 6 Challenging

Prolongation and exercise.

## Step 7 Listening practice

Watch the video and answer the questions.

## Step 8 Survey and plan

Make a survey and a plan for my party.

## Step 9 Emotion education

Party manners of different countries.

## Step 10 Homework

Write an invitation for the party.

# 三、语法自主学习任务单设计示例

现把笔者设计的语法自主学习任务单与大家分享如下。

## 定语从句自主学习任务单

拟稿人：谢展辉　　审稿人：

班级：_____　小组：_____　姓名：_____　学号：_____

【学习目标】

1. 复习音乐类型等相关词汇。

2. 掌握定语从句的用法。

【学习重点难点】

重点：掌握定语从句的用法。

难点：定语从句的灵活运用以及语言知识的拓展。

【学法建议】

1. 课前观看微课视频，完成课前学习任务单，准备课堂任务的检测与展示。

2. 标注有疑惑的地方，准备课堂提问。

## 第一部分：课前学习任务单

### 一、Types of music（音乐种类）

1. 流行音乐 _____    2. 摇滚音乐 _____    3. 轻音乐 _____

4. 民族音乐 _____    5. 交响乐 _____    6. 乡村音乐 _____

7. 古典音乐 _____    8. 流行音乐 _____

词汇拓展：吵闹的音乐 loud music，舞蹈音乐 dance music，兴奋的音乐 exciting music，安静的音乐 quiet music.

### 二、知识梳理：定语从句

（一）定语从句定义

在复合句中，修饰 _____ 的从句叫定语从句，被修饰的名词或代词叫 _____，引导定语从句的词叫作 _____ 或 _____。

例句：The boy who is wearing glasses is Harry Porter .

句子 who is wearing glasses 作定语，修饰 boy，叫作定语从句。

The boy who is wearing glasses is Harry Porter.

先行词：boy；关系代词：who；定语从句：who is wearing glasses。

（二）定语从句用法

1. 先行词指人时可以用 that 或 who，如：The boy who/that is wearing glasses is Harry Porter .

2. 先行词指物时可以用 that 或 which，如：I like the music that/which I can dance to.

3. 只能用 that 的情况：

（1）序数词或形容词最高级修饰先行词时：Tom is the cleverest boy that I have ever known.

（2）先行词被 every, some, no, all, any, little, much 等修饰时：I've read all the books that you lend me.

（3）everything, something, nothing, all, anything, little, much 等不定代词作先

行词时：Everything that we saw in this film was true.

（4）先行词被 the only, the very, the same, the last 修饰时：That's the only thing that I can do now.

（三）自学检测习题

请用 that, which, who 填空。

I like music _____ is classical.

I like music _____ is popular.

I prefer music _____ is loud.

## 第二部分：课堂学习任务单

### 一、作业检测

I like music _____ is classical.

I like music _____ is popular.

I prefer music _____ is loud.

I prefer music _____ is quiet and gentle.

I love music _____ is light.

I love music _____ you can dance to.

### 二、学习检测

I like music that I can dance to. 句中名词 _____ 是先行词，是被后面句子修饰的词。

句子 _____ 修饰名词作定语，称为定语从句。代词 _____ 连接两个句子，叫作关系代词。

### 三、语法知识

1. I like the singer that can write his own music.

句中先行词，表示 ____ 时，后面关系代词用 _____。

2. I prefer a musician who is cool.

  I prefer musicians who are popular.

定语从句的单复数由 _____ 词的单复数决定。

3. I love the food __which__ is sour.

=I love the food __that__ is sour.

句中先行词表示 _____ 时，后面关系代词用 _____。

## 四、拓展与训练

1. I will invite Linda and her dog _____ I miss so much to the party.

A. which          B. who          C. whom          D. that

当先行词既有 _____，又有 _____ 时，只能用 _____。

2. I would prepare everything_____ I can do for the party.

A. which          B. who          C. whom          D. that

当先行词是 all, anything, everything, something, nothing（不定代词）时，只能用 _____。

3. She is the only girl _____ my mom wants to see at the party.

A. which          B. who          C. whom          D. that

当先行词被 the only, the very, the same, the last, the just 等修饰时，只能用 _____。

4. The first thing _____ I need to do for the party is to choose who can come to my party.

A. which          B. who          C. whom          D. that

当先行词被形容词最高级、序数词修饰时，只能用 _____。

## 五、广东中考试题大挑战

1. Great changes have taken place in our city in the past ten years. Everything _____ comes into sight is so new to me.（2016 年）

A. that          B. which          C. who          D. whom

2. Running man is a very relaxing TV program_____ is hot among the young people.（2015 年）

A. what          B. which          C. who          D. whom

115

3. When Robinson Crusoe got to the island, the first thing_____ he did was to look for some food.（2014 年）

    A. who         B. that         C. which         D. whom

六、听力练习

（1）Can Linda come to the party?

    A .Yes, she can.         B. No, she can't.         C. We don't know.

（2）Linda likes music that _____ .

    A. can sing along with     B. is quiet         C. has great lyric

（3）Linda likes movie that _____ .

    A. is educational         B. is funny         C. is exciting

（4）Linda likes friends who are _____ .

    A. smart         B. humorous         C. kind and friendly

（5）Linda likes clothes which are _____ .

    A. Expensive         B. colorful         C. comfortable

七、问题探究：Make a Survey and a plan for my party

A: What kind of music /musicians/ movies do you like?

B: I like music/musicians/ movies...

| | | | | | | |
|---|---|---|---|---|---|---|
| Music | that I can dance to | | | | | |
| | that has great lyric | | | | | |
| | that I can sing along with | | | | | |
| Musician | who are outgoing | | | | | |
| | who play different kinds of music | | | | | |
| | who can write their own songs | | | | | |
| Friends | who are beautiful or handsome | | | | | |
| | who are good at schoolwork | | | | | |
| | who are kind and funny | | | | | |
| Movies | which are funny | | | | | |
| | which are serious | | | | | |
| | which give me something to think about | | | | | |

| | | | | | | |
|---|---|---|---|---|---|---|
| Food | that is delicious | | | | | |
| | that is sweet | | | | | |
| | that is crispy | | | | | |
| Clothes | which are fashionable | | | | | |
| | which are comfortable | | | | | |
| | which are colorful | | | | | |

## 八、交流与合作：My survey report and Plan for the Party

It's the first birthday party _____ Mr. Xie has had in his life. So, we need to prepare for the party carefully. So I ask _____ members in my group. And here is my plan according to my survey result.

First, I think the most important thing is to choose the right person to the birthday party, so every person _____ is invited to our party will receive an invitation card _____ is made by ourselves. Parents and teachers are the most important persons in Mr. Xie's life. So, first we should invite Mr. Xie's parents and teachers who know Mr. Xie well. For musician, most of us like musicians who are _____. And Jay Chou is the right person. As for friends, _____ of us like friends who are friendly. So I advise Mr. Xie to invite friends who are _____. As for scientist, Tu Youyou is the scientist who Mr. Xie likes best. I hope she can come and give us a speech at the end of the party.

Next, I need to choose some music, movies, food, clothes, and drinks for the party. As for music, _____ of us likes music that _____. So I suggest _____ for background music. For movies, most of us likes movies that _____. So I suggest we play _____ at the party. For food, most of us like food that _____. So I advise providing some _____ for the party. As for drinks, most of us like Chinese green tea. For clothes, different people have different idea. So I advise we should be allowed to choose our own clothes.

Third, we should choose a place where can hold 300 people. And it is the only thing that we are still not sure now.

As Mr. Xie's students, I hope all of us can come to the party and give some performance at the party. This is my survey report and plan. I believe it will be a wonderful party!

**九、展示准备:** 请每组派代表展示本组学习任务

**十、Homework**

Dear Tom,

I am going to have a big birthday party next month. I am going to _____

_____

_____

_____

_____

Can you come to my birthday party?

**十一、我的收获与疑惑**

| 我的收获 | 我的疑惑 |
| --- | --- |
| 1. | |
| 2. | |
| 3. | |

Tell me what you think of money and share it with me. Preview the video of next class. In the next class, I will teach you how to make money by opening your own shop. If your have any questions, you can contact( 联系 ) me:

E-mail address: xiezhanhui79@163.com.

Good luck! Have a good future!

## 第三部分: 课后学习任务单

**一、中考真题特训**

【2015 河南】35. —Hi, Tony? Do you know _____?

—Yes, there is a coffee shop at the corner of the street.

A. when I can get a cup of coffee      B. when can I got a cup of coffee

C. where I can get a cup of coffee      D. where can l get a cup of coffee

【2015 河南 】33. —Why don't you like fishing?

—Fishing is a hobby _____ needs much patience, but I'm not patient at all.

A. who      B. that      C. it      D. what

【2015 福建厦门 】20. — Lily, what kind of museum do you like?

—I like museums _____ can provide visitor with free WiFi.

A. what      B. that      C. who

【2015 江苏淮安 】12. —What are you doing?

—I'm reading the book _____ you lent me last week.

A. what      B. who      C. when      D. that

【2015 黑龙江龙东 】17. Sandy like the actors _____ are popular among teenagers.

A. who      B. which      C. whom

【2015 福建三明 】26. —Please say something about Zheng He.

—Oh! He is the Ming Dynasty explorer of _____ all the Chinese are proud.

A. who      B. whom      C. whose      D. that

【2015 福建三明 】22.—Is that all?

—Yes. That's all _____ I want to take.

A. which      B. that      C. who      D. whose

【2015 福建三明 】30.—What do you think of Confucius?

—He was an ancient teacher _____ wise sayings have influenced many people in different countries.

A. that      B. which      C. who      D. whose

【2015 青海 】31.The stone bridge _____ was built in Song Dynasty was repaired last month.

A. that      B. when      C. where

【2015 湖北黄石】32. Confucius was a famous philosopher（哲学家）_____ has influenced the world greatly.

A. whose      B. whom      C. which      D. who

【2015 贵州黔南州】16. —What kind of books do you like?

—I like the books _____ are about powerful and successful people.

A. that      B. who      C. whom      D. whose

【2015 广西南宁】35. Have you ever heard of the news _____ is about the Strawberry Concert?

A. who      B. what      C. which      D. when

【2015 湖北随州】37. Qian Xuesen passed away on October 31, 2009 _____ the age of 98, but he is a man _____ still encourages Chinese youth.

A. at; who      B. on; who      C. on; which      D. at; which

【2015 贵州黔西南】24. —Do you know the man _____ T-shirt is blue?

—Yes, I do. He is my Chinese teacher, Mr. Smith.

A. who      B. that      C. whose      D. which

【2015 湖北荆门】35. —Do you know _____ our National Memorial Day（国家公祭日）is?

—Yes, it's on December 13th. It's in memory of people _____ were killed in Nanjing Massacre.

A. whether; that      B. when; who      C. how; which      D. why; that

【2015 贵州六盘水】34. Do you know Deng Ziqi _____ sings the song *Pao Mo*.

A. which      B. who      C. when      D. where

【2015 湖南张家界】34. I like sweet and sour spare ribs（糖醋排骨）_____ my mother cooks.

A. that      B. who      C. what

【2015 黑龙江哈尔滨】9. Language learning isn't hard itself. The attitude _____ you have decided if you can learn it well at least.

A. what      B. who      C. which

### 二、拓展训练

I am very thankful for my life. Because there are so many things _____ I love in this world.

I love my mom _____ cares for me. I love my dad _____ works hard for the happiness of my family.

I love my students _____ cares about me. I like the sky _____ is full of sunshine. I like the moon _____ is able to smile. And I live in the world _____ is full of love.

### 三、中考新题训练：语法选择

阅读下列短文，按照句子结构的语法性和上下文连续的要求，从各题所给的 A、B、C 和 D 中选出最佳选项，并在答题卡上将该项涂黑。（源于网络）

"I'm going shopping in the village, " George's mother said to George on Saturday morning. "So be a good boy and don't get into trouble. And don't forget ___1___ good care of Grandma." Then out she went.

Grandma ___2___ in the chair by the window when she opened one little eye and said , "Now you heard ___3___ your mother said, George."

"Yes, Grandma." George said.

George was bored to tears. He didn't have a brother or a sister. His father was a farmer, and ___4___ farm they lived on was miles away from anywhere, ___5___ there were never any children to play with. He was tired of staring at ___6___ pigs , hens, cows and sheep. He was especially tired of having to live in the house with his grandma. Looking after her all by himself was hardly ___7___ way to spend a Saturday morning.

"Go and make me a cup of tea for a start, ___8___ sugar and milk." Grandma said. Most grandmothers are lovely , kind, helpful old ladies, but not this one. George's grandma was a woman ___9___ was always complaining about something or other. She spent all day ___10___ on her chair by the window. George ___11___ that Grandma used to be a gentle lady, but as she grew older, she was not able to look after herself and even

121

worse, she was easy to get angry.

"We __12__ be nice to the old, George." His mother always told him.

Thinking of this, George __13__ into the kitchen and made Grandma a cup of tea with a teabag. He put one spoon of sugar and __14__ milk in it. He stirred the tea well and carried it into the living room __15__ .

1. A. take          B. taking          C. to take          D. takes

2. A. sleep         B. sleeps          C. is sleeping      D. was sleeping

3. A. that          B. what            C. where            D. which

4. A. a             B. an              C. the              D. /

5. A. but           B. if              C. or               D. so

6. A. hundred    B. hundreds       C. hundredth        D. hundreds of

7. A. exciting                        B. the most exciting

   C. more exciting                   D. much more exciting

8. A. in            B. with            C. of               D. for

9. A. who           B. which           C. where            D. when

10. A. sitting      B. sits            C. sit              D. sat

11. A. tell         B. told            C. was told         D. has told

12. A. should       B. would           C. might            D. can

13. A. goes         B. went            C. will go          D. has gone

14. A. many         B. any             C. few              D. some

15. A. care         B. careful         C. carefully        D. careless